野外ゲームの達人

心と体を動かす100の実践マニュアル

京都市教育委員会野外活動施設 **花背山の家**
京都市小学校・中学校野外教育研究会
共著

北大路書房

発刊にあたって

人生で大切なものはすべて野外活動で学んだ

待望の『野外ゲームの達人』の発刊，とても嬉しく，お祝い申し上げます。

「人生で大切なものはすべて幼稚園の砂場で学んだ」という幼児教育に関するすばらしい言葉があります。私は，この言葉に，「人生で大切なものはすべて野外活動で学んだ」という言葉を加えたいと最近痛感しております。

自然の恵みを実感し，仲間とともに協力して額に汗し，また，感謝の心も育む野外活動の教育的意義は，今日の子どもたちの育ちや学びの実態と課題を見つめるとき，いくら強調してもし過ぎではありません。

子どもたちは，自然の中で活動するだけでも一様に笑顔になり，心が癒されますが，野外活動には，「場」とともに，とくに「指導者」と「カリキュラム」が重要です。優れた指導者がさまざまな「仕掛け」をすることで，子どもたちは，よりいっそう豊かな人間性を身につけていきます。

京都市の野外活動は，「花背山の家」「みさきの家」などで，指導主事の先生方を中心に，小学校・中学校の野外教育研究会の専門性と熱意あふれる指導者が，互いの連携のもとに研究と実践を深め，意欲的な取り組みを展開し，大きな成果をあげてこられました。

その熱いメンバーたちが，今回の編集の中心となって，実践に裏打ちされた本書を完成させました。内容も，今までの取り組みの成果がぎっしりと詰まっています。子ども

一人ひとりを徹底的に大切にする観点からも，是非この機会に，野外ゲームを通じて子どもの豊かな人間性と良好な人間関係にみがきをかけてほしいと念願しております。

　子どもたちのために日々献身されている指導者のみなさんに，本書がお役に立てるものと確信しています。

京都市教育委員会教育長　門川　大作

● はじめに

　人間関係が希薄になりがちな昨今，痛ましい事件に子どもが巻き込まれることも多くなってきたことは，大変憂うべき残念なことです。また，学校や地域社会で子ども自身が良好な人間関係を築く機会を得ることも難しくなってきたことから，子ども自身がより良い人間関係をつくっていく力が弱くなってまいりました。そこから，「いじめの問題」や他人との接触を拒む「引きこもり」，また，ちょっとした言動で「切れる」子どもなどが増えてきたと思います。

　そこで，教育現場でも，一般社会でも良好な人間関係を構築する訓練の場として「野外教育」に対する期待がますます増大してまいりました。自然の中での活動は，互いに必ず協力しなければならない場面がでてきます。また，自然の不思議さにふれたときの驚きや，美しいものに接したときの感動が豊かな心を育んでくれます。

　本書は，野外教育のエキスパートとして活動してきた私の元同胞である京都市内の小学校・中学校の「野外教育研究会」の選りすぐりの先生方が今まで多くの実践をとおして蓄積してきた，野外ゲームのノウハウをわかりやすく編集したものです。それらのゲームを「出会い系」「親睦系」「協力系」「野外・自然系」「昔なつかし系」に分類し，見開きの左側はゲームの内容が一目でわかるイラストが描かれ，右側には詳しい内容が工夫して記載されています。

　さまざまな集団，年齢層のだれもが楽しみながら，より

よい人間関係を築くにはもってこいの本です。試しにいくつかのゲームを学校や職場でやってみてください。たちまち参加者は笑顔に包まれ，和やかな場に心を通わせることまちがいありません。

　長年「野外教育」に携わってきた私といたしましても，多くのみなさんに是非とも本書を活用していただき，一人でも多くの人が笑顔で，よりよい人間関係を築いていただきたいと願ってやみません。

京都市会議員
ボーイスカウト日本連盟リーダートレーナー
日本キャンプ協会キャンプディレクター1級　　　中村　三之助

Contents

I 出会い系ゲーム（アイスブレイク）

ソーレ集まれ………………………… 2
全員だまし…………………………… 4
「これ何ですか」……………………… 6
水とミルク…………………………… 8
オープン・クローズ………………… 10
これ基本型…………………………… 12
タイとタコ…………………………… 14
逃げるが勝ち（ジャンケンゲーム）……… 16
ロープ手錠…………………………… 18
背中あわせ…………………………… 20
ドライブしましょう………………… 22
キャッチ……………………………… 24
カーテン・コール…………………… 26
ナビつき目隠しオニごっこ………… 28
ルック・アップ・ダウン…………… 30
国境線を越えろ！…………………… 32
ネームパス…………………………… 34
私はだれ？…………………………… 36
あと出しジャンケン………………… 38
動物ジャンケン……………………… 40

II 親睦系ゲーム

はな・くも・ちょうちょ…………… 44
ラインナップ………………………… 46
人間知恵の輪………………………… 48
落としちゃいやよ…………………… 50
ゾンビ………………………………… 52
ウィンク光線………………………… 54
別れても好きな人…………………… 56
ステレオゲーム……………………… 58
ナンバーコールタオルとり………… 60
ティッシュ飛ばし…………………… 62
震源地ゲーム………………………… 64
ウ〜　ポン天狗……………………… 66

v

電線ゲーム	68
リスの森	70
人間ドッジ	72
わんわん！ 骨取り合戦	74
２人サンタお宝リレー	76
無言で仲間探し	78
三位一体	80
進化ジャンケン	82

Ⅲ 協力系ゲーム

はなれあいたい	86
人間振り子（トラスト・フォール３人組）	88
命はあずけた！（トラスト・フォール10人以上）	90
スタンド・アップ	92
言うこといっしょ、やることぎゃく	94
目隠し多角形	96
へびの皮むき	98
ファイヤーウォール（高圧電線）	100
くもの巣くぐり	102
音波障害	104
サークルオニごっこ	106
フープ・リレー	108
空飛ぶジュウタン	110
目隠しボールパス	112
ラッシュアワー	114
みんなでジャグリング	116
あと片付けもわすれずに	118
人間いす（ヒューマンチェアー）	120
チクタク・チクタク・ボーン	122
私渡し	124

Ⅳ 野外・自然系ゲーム

島渡り	128
レストラン イン フォレスト	130
森の正義のレンジャー隊	132
猟犬ゲーム	134
"木の実"の争奪合戦	136
私、こういうものです！	138

紙飛行機ゴルフ	140
こことちゃうのん？	142
橋をかけよう	144
きつね探し	146
森の中の数珠つなぎ	148
みんなでつくろう「森の絵」	150
落ち葉は何グラム	152
絵地図で宝さがし	154
暗夜行路	156
なんの音？	158
自然の中で15ゲーム	160
かくれんぼしましょ！（カムフラージュ・ゲーム）	162
この色，あつまれ！	164
落下ポイント	166

V 昔なつかし系ゲーム

尺取虫	170
ロープひき	172
島めぐり	174
はじめの一歩	176
バランス崩し	178
メディシングリレー	180
くまが出た	182
ナンバーコール	184
どん！　ジャンケンポン！	186
イスとりゲーム	188
後はよろしく！	190
こいっぁ，おみそれしやした！	192
しっぽとり	194
押し出しオニ	196
社長さんの命令	198
ゴーゴンをたおせ	200
ハンカチ落とし	202
羊と柵	204
番号かご	206
ジャンケン列車	208

Ⅰ
出会い系ゲーム
(アイスブレイク)

出会った瞬間に氷が解けるように、すぐに打ち解けること(アイスブレイク)を目標としたゲームである。

ソーレ集まれ

ゲームの概要

* 知らない人どうしがゲームのルールに従って集まれば,自然と一体感が生まれてくる。

ゲームのねらい

*「ソーレ」の声で1回拍手,2回目「ソーレ」で2回拍手,「集まれ」のかけ声で最後に拍手した数の人数でグループをつくるゲーム。

- **人数・規模** 10〜400人
- **場　　　所** 野外（室内でも可）
- **所 要 時 間** 10〜20分
- **準 備 物** なし

詳しいゲーム方法（または手順）

- リーダーは大きな声で「ソーレ」と叫ぶ。
- 次に参加者は，ひと呼吸遅れて1回拍手をする。2回目の「ソーレ」で2回拍手をする。3回目の「ソーレ」で3回拍手をする。このパターンを何回かくり返す。
- 何回かあとに「集まれ」とリーダーが叫んだら，最後に拍手をした数の人数でグループをつくる。
- グループができたら，その場に座る。
- 残った人が負けとなる。負けた人は，自分の名前を高らかに叫ぶ。
- 1回戦が終われば「ソーレ」は最初からスタートする。

❗ 留意点

＊リーダーは，タイミングを見計らって「ソーレ」を叫ぶ。
＊リーダーは，同じメンバーが集まらないように，1回戦終了後に違ったメンバーが集まるように指示する。
＊負けた人にリーダーがインタビューしてもよい。

全員だまし

ゲームの概要
＊全員がだまされたあとに連帯感をもつ。

ゲームのねらい
＊手をグーにして，ひじを曲げ，腕を前にくるくると回し，だます。強く回せば回すほど「いい香りがしてきます」？？？

- ◉ 人数・規模　10〜400人
- ◉ 場　　　所　野外（室内でも可）
- ◉ 所要時間　3分
- ◉ 準　備　物　なし

詳しいゲーム方法（または手順）

- リーダーは，参加者全員にひじを曲げ，腕を体の前でくるくると回してもらう。手はグーにする。
- リーダーは「もっと早く」「もっと早く」とあおる。
- 「早く回せば回すほど，いい香りがしてくるよ」と連呼する。
- 適当なところで腕を止める。鼻を近づけ「何か匂う？」と尋ねる。反応がなければ「最後の挑戦！　がんばって回そう！」と言い，おもいきり腕を回させる。
- リーダーは頃合いを見て「止まれ。匂いで」と言う。反応がなければタイミングを見計らってひとこと言う。「あほくさ！」

留意点

* リーダーは，タイミングを見計らって「回せ」を叫ぶ。
* リーダーは「あほくさ！」のタイミングを外さないこと。

「これ何ですか」

ゲームのねらい
* 集中力を養い，わかった喜びと連帯感を培う。

ゲームの概要
* 「これ何ですか」という質問に即座に「かぼちゃ」と感じ取り答えるゲーム。もちろん，手には違う物を持っている。最後の字「何ですか」の「か」がヒント。

- ◉ 人数・規模　10〜40人
- ◉ 場　　　所　野外（室内でも可）
- ◉ 所 要 時 間　10分
- ◉ 準 備 物　手に持つための木ぎれや石

詳しいゲーム方法（または手順）

・リーダーは大きな声で何かを持って「これ何ですか」と叫ぶ。
・「かぼちゃ」と教える。
・次に「これなに」の質問に答えがなければ「にんじん」と教える。質問の最後の字がヒントとなる。
　「これ何じゃ」「じゃがいも」
　「これ何でしょう」「しょうが」
　「これ何でしょうね」「ねぎ」
　「これ何かな」「なすび」
　「これ何だ」「だいこん」
などと次々違うものを持っては質問していく。

❗ 留意点

＊リーダーは，答えがわかった人には大声で言うよう伝えるが，わからない人には，答えのわけを教えないよう伝える。
＊リーダーは，タイミングよく質問していく。また，何かを持つことを忘れてはいけない。野菜を持てばさらに難しくなり，楽しさが広がる。

水とミルク

ゲームのねらい
*集中してなぞを解明していき,わかった人どうしは,親近感がわく。

ゲームの概要
*コップを出して「これは水? ミルク?」と尋ねる。視線をコップに向けたら「見るク」,見なければ「見ず」となる。

- ◎ **人数・規模** 10 〜 40 人
- ◎ **場　　　所** 野外（室内でも可）
- ◎ **所要時間** 10 分
- ◎ **準　備　物** コップ 1 個（ペットボトルでも可）

詳しいゲーム方法（または手順）

- リーダーはコップを見て「これはミルク」です。コップを見ないで「これは水」です。
- 「わかった人は大きな声で『水』か『ミルク』かを答えてください」と告げる。
- 「じゃあこれは？」と何度かくり返すうちに気がつく人が出れば，大きな声で答えてもらう。
- 「水」か「ミルク」か，わかった人が 9 割以上でてきた時点で終わる。

❗ 留意点

* リーダーは，視線に注意して，最初は無意識を装い，気がつく人が少ない場合には，わざとらしく視線を動かす。

オープン・クローズ

ゲームのねらい
＊観察力を養い，わかった喜びを仲間と分かち合う。

ゲームの概要
＊リーダーは参加者の前で，親指と人差し指を使って閉じたり，開いたりして見せる。開けばオープン，閉じればクローズだが，実はリーダーの「口」が開いたり閉じたりしているのが本当の答え。

- 人数・規模　10～40人
- 場　　　所　野外（室内でも可）
- 所 要 時 間　10分
- 準　備　物　なし

詳しいゲーム方法（または手順）

- リーダーは，親指と人差し指を開いたり，閉じたりして「オープン」「クローズ」と説明する。
- リーダーは指を示し，「じゃこれは？」と質問して答えさせる。しかし，これはダミーで質問後の口が開いているか，閉じているかで「オープン」「クローズ」が決まる。
- 見やぶった人は，大きな声で答えを言う。
- わかった人が9割以上でてきた時点で終わる。

❗ 留意点

＊リーダーは，わかるように大げさに行う。
＊パターンを変えて，（たとえば，脚を開いたり，閉じたりして）工夫する。
＊参加者が飽きないよう，時間に留意する。

これ基本型

ゲームのねらい
＊集中させて観察力を養う。

ゲームの概要
＊指で数字を示し，前に示した数字を言わせる。参加者は，出されている指に注目するが，その数は次の答えとなる。

- **人数・規模** 10〜40人
- **場　　　所** 野外（室内でも可）
- **所要時間** 10〜20分
- **準　備　物** なし

詳しいゲーム方法（または手順）

・リーダーが「これ基本型」と言い，指で数字をさし示す。
・リーダーが「じゃあこれは？」と違う指の数をさし示す。
・答えは，直前に出した指の数。
・そのたびに違った指を示し，何度もくり返す。
・わかった人は，大きな声で答えを言う。
・わかった人が9割以上でてきた時点で終わる。

❗ 留意点

＊答えのルールがわかっても，人に教えないようにゲーム前に伝えておく。
＊リーダーは，リズミカルに指を出していく。
＊「これ基本型」を強調して，全員がわかるように工夫する。

タイとタコ

ゲームのねらい
＊相手の反応と自分の反応の速さでゲームの勝敗がすぐに決まる。相手との距離が縮まり親近感がわいてくる。

ゲームの概要
＊リーダーのかけ声を即座に判断して、相手の手を叩いたり、相手の手から逃げたりする。

- 人数・規模　2人1組方式で2〜200人
- 場　　　所　野外（室内でも可）
- 所要時間　10〜20分
- 準備物　なし

詳しいゲーム方法（または手順）

- 参加者は，2人1組になる。
- 次に参加者にジャンケンをさせ，勝った人を「タイ」，負けた人を「タコ」と決める。
- 参加者（2人1組）は向かい合って手を伸ばし（前へならえの姿勢）で互いに腕を交互に置く。
- リーダーが「タタタタイ！」「タタタタコ！」と叫ぶ。
- 「タイ」と叫ばれたら「タイ」の人は両手で真横に相手の手を叩く。「タコ」は腕を上下にして叩かれるのを逃れる。呼ばれた人が叩き，呼ばれない人は逃げる。
- リーダーは，フェイントで「タタタたいやき」とか「タタタタイヤ」とか工夫する。
- 1回戦が終われば，何度かくり返す。

❗ 留意点

- ＊リーダーは，2人組になるためのゲームを工夫する。「ソーレ集まれ」（p.2参照）などを複合させる。
- ＊リーダーは，同じ組にならないよう組替えをして何度か行う。

逃げるが勝ち（ジャンケンゲーム）

ゲームのねらい
＊2人の親密度が増すゲーム。思わず笑いがこぼれる。

ゲームの概要
＊向かい合って右手でジャンケン。左手でパートナーの手を叩いたり，引っ込めたりして遊ぶ。

- **人数・規模** 2人1組方式で2〜400人
- **場　　　所** 野外（室内でも可）
- **所要時間** 5〜20分
- **準 備 物** なし

詳しいゲーム方法（または手順）

- 参加者は，2人1組になる。
- 2人は向かい合ってあぐら座りをする。
- 左手を相手の膝の上に置く。
- 右手でジャンケンをする。
- 勝った人は，自分の膝の上に置いてある相手の手を右手で叩く。負けた人は，すばやく手を引く。
- 勝った人は，早ければ相手の手を叩けるが，遅れると自分の膝を叩いてしまう。
- 何度もジャンケンをくり返す。
- リーダーは，タイミングを見計らって2人組をチェンジさせる。

❗ 留意点

* リーダーは，2人組になるためのゲームを工夫する。「ソーレ集まれ」(p.2参照) などを複合させる。
* 参加者が同じ組にならないよう配慮する。ゲーム終了後は，握手をして仲良く別れる。
* ジャンケンの手を反対にすると楽しさが広がる。

ロープ手錠

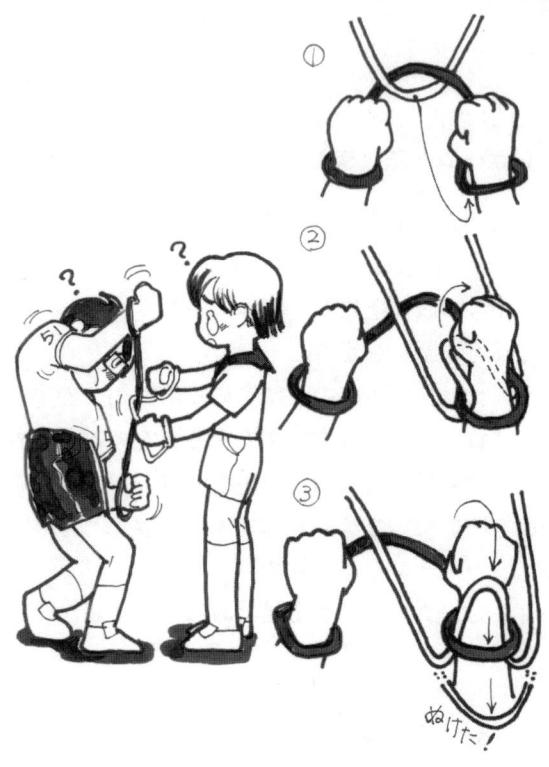

ゲームのねらい
＊知らない人どうしがひもの手錠を解くことにより,親近感がわいてくる。

ゲームの概要
＊ひもの手錠でつながれている知らない人どうしが,頭と体を使って工夫してそれを外す。

- **人数・規模** 2人1組方式で2～400人
- **場　　　所** 野外（室内でも可）
- **所要時間** 5～20分
- **準　備　物** 各組に80cmぐらいのひも2本

詳しいゲーム方法（または手順）

- 参加者は，2人1組になる。
- 1人の手首にひもを手錠のように輪にして結ぶ（輪はきつくしない）。
- 結んで垂れたひもにもう1本のひもをクロスさせて，もう1人の手首を手錠のように結ぶ。
- 離ればなれになるように，2人でそれを頭と体を使って外す。
- ただし，手首のひもの結び目を解いてはいけない。

❗ 留意点

＊リーダーは，丁寧にひも手錠のやり方を説明する。
＊体をくぐらせても解けない。手首に相手のひもを入れて手首をくぐらせれば，すぐに離ればなれになる（イラスト参照）。

背中あわせ

ゲームのねらい

＊協力して力を加減して目的を達成させる。とくに知らない人どうしだと親近感が深まる。

ゲームの概要

＊背中を合わせて全員が立ち上がるゲーム。

- ● 人数・規模　2〜7人
- ● 場　　　所　野外（室内でも可）
- ● 所 要 時 間　5〜10分
- ● 準 備 物　なし

詳しいゲーム方法（または手順）

- ・全員で背中をぴったり合わせて座る。
- ・お互いに背中でもたれ合って腕組みしながら立ち上がれれば成功。
- ・人数を増やしてチャレンジしていく。

❗ 留意点

- ＊人数を多くすれば、難易度が増す。
- ＊転んだり、倒れたり、腕を離さないように工夫する。
- ＊小さい子どもや体重の軽い人が、けがをしないよう注意する。
- ＊腕組みしないで行うと難易度はさらに増す（イラスト参照）。

ドライブしましょう

ゲームのねらい
＊直感と洞察力と相手のしぐさで判断して，犯人を当てる。

ゲームの概要
＊3人（または4人）1組となり，1人が前で2人（または3人）がうしろでかけ足をする（実際には走らない）。前の人はうしろから背中をつつかれる。だれがつついたかを当てるゲーム。

- ● **人数・規模**　3～4人が1グループで何グループでも可
- ● **場　　　所**　野外（室内でも可）
- ● **所 要 時 間**　10～20分
- ● **準 備 物**　なし

詳しいゲーム方法（または手順）

- ・3人（または4人）でジャンケンをする。負けた人が，先頭に立ち，あとの2人（または3人）はうしろに立つ。
- ・先頭の人は「発車オーライ」と叫び，その場で全員がかけ足をする。
- ・うしろのだれかが目配せをして犯人となり，前の人の背中を指でつつく。
- ・つつかれた瞬間，全員かけ足をやめる。
- ・前の人は，うしろをふり向き，つついたと思われる人を指差す。
- ・正解なら，犯人が前に行き交代する。まちがいなら，もと通りの位置でやり直し。

❗ 留意点

*人数を4人で行うと難しい。
*背中をつつくのは，すばやく，やさしく行う。
*かけ足は，必ずその場で行い，前に進まない。

Ⅰ 出会い系

キャッチ

ゲームのねらい

＊気持ちと体がほぐれ，連帯感がわく。
＊どの年齢でも楽しむことができる。

ゲームの概要

＊「キャッチ」という号令に合わせて，となりの人につかまらないように指を抜き，また，となりの人の指をつかむ反射神経を楽しむゲーム。まわりの人との連帯感が生じ，気持ちをほぐすことができる。単純なルールだが，真剣になって楽しめる。

◉ 人数・規模　2〜30人
◉ 場　　　所　野外（室内でも可）
◉ 所要時間　5分
◉ 準 備 物　なし

詳しいゲーム方法（または手順）

・左手で筒をつくり，右手の人差し指を立てる
・左どなりの人の人差し指を自分の左手の筒の中に通し，自分の右手の人差し指を右側の人の左手の筒に通す
・全員が隣り合う人の筒の中に指を通せたら，号令係が合図を送る。
・「キャッチ」の号令と同時に，隣の人の指をつかみ，また自分の指は隣の人につかまれないように抜く。
・リーダーは，相手の指をつかみ，かつ指を抜くことができた人を紹介して，全員で拍手を送る。

! 留意点

＊うまくつかむことができない人に対しては，指の筒をせばめてもよいことを伝える。
＊号令をかけるタイミングをずらしたり，「キャット」や「キャッチャー」など，違う言葉を使ってフェイントをかけたりしてもおもしろい。

カーテン・コール

ゲームのねらい

＊初対面の参加者のアイスブレイクをはかる。
＊ほかの参加者の名前を覚える。

ゲームの概要

＊参加者を2グループに分け，カーテン（大きなビニールシート）で隔てて，各グループから1人ずつ向かい合わせに座る。カーテンを下ろしたときに，相手の名前を早く言えた人の勝ち。負けた人は，相手のグループに移り，一方のグループがいなくなったら終了。

- ● 人数・規模　10～30人
- ● 場　　　所　野外（室内でも可）
- ● 所要時間　20～30分
- ● 準　備　物　カーテン（大きいビニールシート）

詳しいゲーム方法（または手順）

- ・参加者を2グループに分ける。
- ・2つのグループをカーテンで仕切り，各グループから1人ずつカーテンをはさんで向かい合わせに座る。
- ・カーテンを下ろし，相手が見えたとき，早く相手の名前を言えた人の勝ちで，負けた人は相手のグループに移る。
- ・一方のグループが1人もいなくなればゲーム終了。

! 留意点

＊リーダーが1人のときは，参加者に手伝ってもらい。カーテンの一方の端を持ってもらう。

＊名前を覚えることがねらいの1つなので，一方のグループの人がいなくなるまで続けなくてもよい。

ナビつき目隠しオニごっこ

ゲームのねらい
* お互いに協力し，団結して行動する能力を養う。
* 思考力を高め，工夫する能力を高める。
* 自他に対する注意力と，慎重な態度を養う。

ゲームの概要
* 2人組になった1人が目隠しをし，もう1人の誘導によって，オニ役と逃げる役に分かれて追いかけっこをする。オニにタッチされたら役割を交代する。

- 人数・規模　10〜30人
- 場　　　所　野外（室内でも可）
- 所 要 時 間　5分
- 準　備　物　時計，笛，タオル（目隠し用）人数分

詳しいゲーム方法（または手順）

- 活動範囲を指定し，エリア内でゲームを行う。
- 2人1チームになり，1人が目隠しをしてもう1人（ナビ役）の肩を持つ。ナビ役が目隠し役を指示して方向を案内する。
- 1チームがオニチームとなってほかのチームを追いかけ，タッチをする。タッチされたチームはオニチームになり，ほかのチームを追いかけていく。5分後に目隠し役とナビ役を交代する。

留意点

* 2人は，離れて行動してはいけない。
* オニはタッチだけとし，危険な動作をしてはいけない。
* タッチできるのは目隠し役だけとする。
* タッチしたチームをすぐに逆タッチできない。
* 10人で行うときは，1組がオニチームとなってほかのチームを追いかける。10人以上で行うときは，人数に応じて2組以上をオニにする。
* リーダーは，全体が小走りになりだしたら歩くように注意をする。

ルック・アップ・ダウン

ゲームのねらい
＊視線が合うことにより，親近感を生み，協力体制を培う。

ゲームの概要
＊偶然，視線を合わせることにより2人グループを構成するゲーム。また，視線の合った人どうしは円から出て，抜けた人どうしで同じゲームを継続する。

- 人数・規模　10〜30人
- 場　　　所　野外（室内でも可）
- 所 要 時 間　10〜20分
- 準 備 物　なし

詳しいゲーム方法（または手順）

・リーダーが参加者を集めて一重（円盤を想定して）円をつくる。
・リーダーが「ルック・アップ」「ルック・ダウン」と叫び，それに合わせて全員が顔を上げ下げする。
・そのときだれかを必ず見て，だれかと視線が合えばその2人がアウトとなり，「ギャーッ」と奇声を発して円盤から抜け，外へ出る。
・アウトは，円盤から離れたことになり，アウトが増えれば，もう1つの円盤をつくる。これをくり返す。
・2つの円を入ったり出たりしてゲームが続く。

❗ 留意点

＊奇声が雰囲気を盛り上げるので，事前に円盤から放出されるということを話しておく。
＊リーダーは，アップやダウンのときに，必ずだれかに視線を合わせるよう指示しておく。

国境線を越えろ！

ゲームのねらい
* だれといっしょのグループなのかがよくわかる、友情と話題をよぶゲーム。

ゲームの概要
* 同じ体験や経験、さらに共通する特徴をもった人が、ロープをはさんで2つのエリアを出たり入ったりする。

- ● **人数・規模** 8人以上
- ● **場　　　所** 野外（室内でも可）
- ● **所要時間** 10〜15分
- ● **準　備　物** ロープ1本（長さ6m 太さ10㎜程度）

詳しいゲーム方法（または手順）

・ロープを伸ばして中央に置く。
・YES・NOの2つのエリアをつくる。
・リーダーが「雪山で登山したことのある人」などと質問をしていく。
・参加者は，自分にあてはまるエリアに移動する。
・リーダーは次々質問をくり返す。そのたびに，参加者が移動する。
・ゲームが進むにつれ，お互いのことを知り，うち解け，話がはずむ。

⚠ 留意点
＊ネガティブな課題や個人情報的な課題は避ける。

ネームパス

（りゅういちから　ともかさんへ）

ゲームのねらい
＊お互いの名前覚えの決定版。

ゲームの概要
＊お互いの名前を呼びながら，ボールをパスしていく。

- **人数・規模** 10～20人
- **場　　　所** 野外（室内でも可）
- **所要時間** 10～20分
- **準　備　物** ドッジボールなどの柔らかいボール

詳しいゲーム方法（または手順）

- 参加者はインパクトのある自己紹介をし，名前を覚えてもらう。
- 円になり，お互いの名前を呼びながら，柔らかいボールをパスすることで，それぞれの名前を確認する。
- 「○○から△△さんへ」とパスしていく。
- 「どうも△△さん，私は○○です」とバージョンアップしていく方法なども取り入れる。
- ボールを増やしていくのも，バージョンアップの方法の1つ。

! 留意点

＊リーダーは，タイミングを見計らってボールを回す。
＊同じ人にボールが集中しないように配慮する。

Ⅰ 出会い系

私はだれ？

ゲームのねらい

＊多くの人とコミュニケーションをとり，親睦を深める。

ゲームの概要

＊ペアの人に自分に合った動物名を背中のカードにつけてもらい，多くの参加者に質問して，その答えの「YES・NO」から動物名をあてる。

- **人数・規模** 10〜100人
- **場　　　所** 野外（室内でも可）
- **所 要 時 間** 15分
- **準 備 物** ガムテープ，マジック，カード

詳しいゲーム方法（または手順）

- 2人1組になり動物名（昆虫，果物などを混ぜてもよい）をカードに書いてもらう。
- カードに書いた動物名がわからないように相手の背中に貼る。
- 質問に対して，「YES」「NO」「わかりません」の3つから答える。けっして答えの動物名は言わない。ただし，「私は○○ですか」と質問されてそれが正解の場合は「YES」と答える。
- 多くの参加者にたずねて，自分の動物名がわかればリーダーに伝え，正解であれば終了。

❗ 留意点

＊質問者は答えを見つけるためにより多くの人に質問して答えを探る。
＊聞くばかりでなく，答えることも等しく行う。
＊同じ人には質問しない。

あと出しジャンケン

ゲームのねらい
* リーダーの出すジャンケンに対応して、参加者が反射的に出すゲーム。
* みんなで元気に声を合わせてジャンケンをしてお互いの親近感を深める。

ゲームの概要
* リーダが出すジャンケンに対し、参加者は一呼吸遅れて出し、まちがえた人はやめていき、最後まで残った人が勝者となる。

- ●人数・規模　10〜100人
- ●場　　　所　野外（室内でも可）
- ●所要時間　10分
- ●準　備　物　なし

詳しいゲーム方法（または手順）

・リーダーは手を高く上げ「ジャンケン　ポン」と，元気よくグー，チョキ，パーのどれかを，よくわかるようにみんなの前に差し出す。
・次に参加者は，ひと呼吸遅れて声をそろえリーダーの出したものと同じものを「ポン」と元気よく手を上げて差し出す。
・続いてリーダーは，「ポン」「ポン」「ポン」とリズミカルにジャンケンを差し出す。
・参加者はリーダーの差し出したものと違うものを出したり，タイミングがくるった場合は，アウトとなりやめていく。最後に残った人が勝者になる。

❗ 留意点

＊リーダーは，大きな声と動作でリズミカルに手を上げてジャンケンを差し出し，よくわかるようにする。
＊参加者の出すものを，リーダーのジャンケンの"同じもの""勝つもの""負けるもの"とだんだんと難しくしていくとおもしろい。

動物ジャンケン

ゲームのねらい
＊気持ちを身体で表現して，ほかの人との協調性を養う。

ゲームの概要
＊ジャンケンの要領で，リーダーといくつかの動物のポーズでジャンケンをする。リーダーと同じポーズになった人は負けというゲーム。

- ◉ 人数・規模　8〜10人
- ◉ 場　　　所　野外（室内でも可）
- ◉ 所 要 時 間　5分
- ◉ 準 備 物　なし

詳しいゲーム方法（または手順）

- 参加者は全員立つ。
- ポーズと言葉を覚える。

    ＜ポーズと鳴き声の例＞
    タヌキ：（おなかをたたきながら）「ポンポコポン」
    ウサギ：（ウサギのポーズで）「ぴょんぴょこぴょん」
    ゾ　ウ：（両手で耳のポーズで）「パオーン」
    ネ　コ：（招き猫のポーズで）「ニャーン」

- 参加者は，リーダーの「動物ジャンケン，ジャンケン，ポン！」の合図で，タヌキ・ウサギ・ゾウ・ネコの4つの動物の中から1つを選び，鳴きまねをしながらポーズする。
- リーダーと同じポーズになった人は負け。負けた人は座る。
- リーダーと勝ち残った人とでジャンケンをくり返す。最後まで残った人の勝ち。

❗ 留意点

＊参加者の実態に合わせて，動物のポーズや鳴き声を変えてもよい。

Ⅱ
親睦系ゲーム

お互いの個性や性格を認め合いながら，親睦を深めることを目的としたゲームである。

はな・くも・ちょうちょ

ゲームのねらい

＊親睦を深め，力いっぱい体を動かす。
＊オニのかけ声を聞いて，すばやくグループをつくったり動いたりすることを楽しむ。

ゲームの概要

＊全員が輪になり，オニが中央に立って，「はな」「くも」「ちょうちょ」のいずれかのかけ声をかける。その指示に従って，参加者は集まったり逃げたりする。早い者勝ちゲーム，オニごっこ，グループ作りゲームの3つの要素が入ったゲーム。

- **人数・規模**　4〜10人が1グループで数グループ
- **場　　　所**　野外（室内でも可）
- **所 要 時 間**　10分
- **準 備 物**　なし

詳しいゲーム方法（または手順）

・グループの中から1人オニを決める。オニ以外の人はちょうちょになり，オニのまわりを，「はな・くも・ちょうちょ」と言いながら飛び回る。オニは中央に立って，「はな」「くも」「ちょうちょが○匹」のいずれかのかけ声をかける。

・オニが「はな」と言う場合は，人差し指を立ててしゃがむ。ちょうちょははなの蜜を吸いに行くので，オニの人差し指を，この指とまれの要領でにぎっていく。一番最後になった人が次のオニとなる。

・オニが「くも」と言う場合は，ちょうちょはくもにつかまると食べられてしまうので逃げる。オニはちょうちょを追いかけ，つかまった人が次のオニとなる。

・オニが「ちょうちょが3匹」と言う場合は，ちょうちょはオニも含めて3人グループをつくる。残った人が次のオニとなる。残った人が複数いた場合は，ジャンケンで次のオニを決める。

! 留意点

＊押したり引っ張ったりしないようにする。
＊指をつかむときは，あまり強くつかまないようにする。

Ⅱ　親睦系

ラインナップ

ゲームのねらい

*みんなで協力し，団結して行動する能力を養い高める。
*グループのまとまりを強めるゲーム。

ゲームの概要

*グループ全員が一列に並び，リーダーの指示で並び替わる。
*たとえば，リーダーが「左から誕生月日順に並び替えなさい」と指示すると，グループのメンバーはその指示どおりに並び替わる。

- ● **人数・規模** 7〜15人が1グループで数グループ
- ● **場　　　所** 野外で丸太・ベンチ等がある平坦地（室内でも可）
- ● **所要時間** 20〜30分
- ● **準 備 物** なし

詳しいゲーム方法（または手順）

・グループのメンバー全員が固定された丸太かベンチの上に一列に並ぶ。倒れても危険がないことを確認する。
・リーダーの指示でグループで協力して丸太から落ちないようにして並び替わる。

　＜指示の例＞
　「身長の高い順に右から並び替えなさい」
　「左から誕生月日順に並び替えなさい」
　「年齢の若い順に並び替えなさい」

　ただし，体重に関する指示は不可。
・早くても指示通りに並べていなければダメ。

❗ 留意点

＊並ぶ順を丸太上で入れ替わるのにスキンシップをすることになるが，その場合の配慮が必要である。
＊落下やけがのないように安全確保に配慮する。
＊バージョンアップとして，一切口をきいてはいけない無言ラインナップ形式にすれば，さらにおもしろい。
＊無言ラインナップ形式では，丸太などに乗らずにグループ対抗で，早さを競うこともできる。

人間知恵の輪

ゲームのねらい

*リーダーの指示とみんなの協力で人間知恵の輪を解き、チームの協力・協調性を高めるゲーム。

ゲームの概要

*チーム全員が両手をつなぎ、対戦相手のリーダーがチームのメンバーに指示をし、つないでいる手をまたがせたりくぐらせたりして、からませて人間知恵の輪にする。それを自分のチームのリーダーの指示とチームのメンバーの協力によりもとに戻すゲーム。

- **人数・規模** 10～20人が1グループで数グループ
- **場　　　所** 野外（室内でも可）
- **所 要 時 間** 20分
- **準 備 物** 時計（ストップウォッチ）

詳しいゲーム方法（または手順）

・両手をつないでチーム全員が円形になり中心を向く。
・対戦相手のリーダーは，手をつないでいる相手チームのメンバーに指示をし，つないでいる手をまたがせたり，くぐらせたりして，からませて人間知恵の輪をつくる。
・次に，リーダーは自分のチームに戻り，チームのメンバーに指示して，つないでいる手をまたがせたりくぐらせたりしてほどいていく。
・自分たちのリーダーの指示により人間知恵の輪を早くほどいたチームが勝ちとなる。

！ 留意点

＊つないだ手は離したり，つなぎ方を変えないように指示しておく。
＊人間知恵の輪を指示する時間は3分ぐらいが適当であるが，人数・チーム構成によって変えてもよい。
＊人数が多くなると難しくなるので，年齢構成等も考慮した上でチームの人数を減らすとよい。
＊無理な指示をすると，腕や手首をけがする可能性もあるので，指導・監督に配慮が必要である。

Ⅱ 親睦系

落としちゃいやよ

ゲームのねらい

＊一人ひとりがキャッチできるボールの数の目標を高め，全員が協力して工夫する力を養う。

ゲームの概要

＊円形に並んだ参加者が，いっせいに手にしたボールを投げ上げ，円の中にいるキャッチャーができるだけ多くのボールを受け取る。

- **人数・規模** 10〜40人
- **場　　　所** 野外（室内でも可）
- **所要時間** 5〜20分
- **準　備　物** テニスボールなど柔らかいボール（人数分）

詳しいゲーム方法（または手順）

- 参加者はボールを手にして，円の内側を向いて立つ。
- 参加者のうち数人（2〜6人）が円の中に立つ。
- リーダーは1回ごとにキャッチする目標の数を確認する。
- 合図で手にしたボールをいっせいに投げ上げ，キャッチャーはできるだけ多くのボールを受け取る。
- 目標数を上げていき，成功するための作戦を立てる。

留意点

＊円の中にはだれも入らず，全員が投げ上げたボールをいくつキャッチできたかで行ってもよい。この場合，自分および両隣の人が投げ上げたボールはキャッチできないことにする。

＊作戦を大切にし，リーダーは各回が終わるごとに「これで満足なんですか？」と聞いて向上心をあおる。

＊ボールを投げる人は，キャッチャーに強く投げないようにする。

Ⅱ 親睦系

ゾンビ

ゲームのねらい

*ちょっとした手と手のふれあいをとおして，親睦を深める。

ゲームの概要

*参加者全員が目を閉じて徘徊しながら，だれかと会えば両手のひらを合わせる。運悪く相手がゾンビだったら，ゾンビになる。

- **人数・規模** 10〜50人
- **場　　　所** 野外：テニスコートぐらい（室内でも可）
- **所要時間** 5〜20分
- **準　備　物** 活動場所を囲うロープやひも

詳しいゲーム方法（または手順）

- 4人の協力者が，ロープを腰の位置に持って活動場所の4隅に立ち安全管理役をする。
- ゾンビ役を1〜4人決め，ゲーム開始。目をつぶって両腕をゾンビのように前に出しゆっくり徘徊する。
- だれかとぶつかれば，必ず両手のひらを合わせ，相手がゾンビだと，唸り声を出され，自分もゾンビになって徘徊する。
- 安全管理役を交代して同様に続ける。
- 最後に人間として残った人が勝ち。

留意点

＊安全管理役はロープの高さが参加者の足元・首にかからないように気をつける。
＊ゾンビどうしが出会ったら，人間に戻れるルールにするとゲームは延々と続く。
＊早く移動するとぶつかり，しゃがむとつまずく危険性があるので，必ずゆっくり歩く。

ウィンク光線

ゲームのねらい
＊観察力を育て，他人のしぐさを洞察する力を養う。

ゲームの概要
＊ウィンク光線を出す犯人を見つけ出す。歩き回るうちに犯人にウィンクされたらやられてしまう。参加者が犯人を早く見つけ出すか，参加者がみんなやられるか。

- ●人数・規模　10～50人
- ●場　　　所　野外：テニスコートぐらい（室内でも可）
- ●所要時間　10～30分
- ●準　備　物　人数分のカード（犯人カードも含む）

詳しいゲーム方法（または手順）

- ・ほかの参加者に見られないようにカードを引いてもらう。カードには1～2枚の「犯人カード」を混ぜておく。
- ・リーダーの合図で参加者は決められた範囲を黙って歩き回る。
- ・犯人になった人は，目が合ったらほかの人に気づかれないようにウィンクする。
- ・ウィンクされたら，10秒ほどして「やられたあ～！」と言って倒れていく。
- ・犯人がわかったら，「わかった！」と宣言して手を上げる。発見者が「犯人は君だ！」と宣言し指差す。当たっていれば犯人は「参りました」と言ってゲームからはずれる。意見が合わなかったら，発見者はアウトとなり「残念！」と言ってその場にしゃがむ。
- ・犯人2人が見つかれば終了。または，みんながアウトになれば終了。

留意点
- ＊人とすれ違ったら，必ず見つめ合う。
- ＊ウィンクの苦手な参加者は両目つぶりでもよいので，けっして笑わないように注意する。

別れても好きな人

ゲームのねらい
＊声を出して，自分の存在をパートナーに伝え，コミュニケーションの大切さを体験する。

ゲームの概要
＊対になる合言葉を決めたら，目を閉じて合言葉を頼りにパートナーを捜し求めて歩き回る。

- **人数・規模** 10〜50人
- **場　　所** 野外（室内でも可）
- **所要時間** 10〜20分
- **準 備 物** なし

詳しいゲーム方法（または手順）

・2人1組になったら，相談して対になる合言葉を決める。
・活動範囲の両端へ2人は別れ，両手を前に出し目を閉じてゲーム開始。呼び合う合言葉を頼りに，パートナーを探し両手のひらを合わせたら，もとの場所に戻って観戦する。
・パートナーチェンジをして，同様にゲームをすすめる。

❗ 留意点
＊活動範囲を離れないように，安全管理役をボランティアで配置し，参加者が行動範囲を離れそうになったら声をかける。
＊なかなかパートナーを探せなかった数組が次の安全管理役になる。

ステレオゲーム

ゲームのねらい
＊ゲームを通じて参加者の雰囲気を和らげ，相談・協力することでお互いの親交をより深める。

ゲームの概要
＊2つのチームに分かれ，一方のチームが指定された単語を1人1字ずつ大きな声でいっせいに叫び，もう一方のチームは何を言ったかを相談しながら当てる。

- ● **人数・規模**　10〜60人
- ● **場　　　所**　野外（室内でも可）
- ● **所 要 時 間**　10〜20分
- ● **準 備 物**　単語を書いたカード10枚程度，得点板

詳しいゲーム方法（または手順）

- ・10mほど離れて，2チームが向かい合って座る。
- ・リーダーは一方のチームに問題の単語を書いたカードを見せる。
- ・だれがどの字を言うかを決め，「いっせいの〜で」で一度に叫ぶ。
- ・他方のチームは何を言ったか相談して，答えを「いっせいの〜で」で声をそろえて言う。
- ・3文字の問題を1回で当てれば3点。もう一度言ってもらって，当てれば2点となる。
- ・攻守交代して，ゲームを進める。

❗ 留意点

＊最初は簡単な2〜3文字から始め，あとのほうは大逆転もある6〜7文字にする。

＊小さい声で言うと聞き取れないので，必ず叫ぶようにする。

＊全員が叫ぶ文字を分担して，一度に叫んでもよいが，少し難しくなる。

ナンバーコールタオルとり

ゲームのねらい
＊心と体をほぐして、楽しむゲーム。

ゲームの概要
＊2チームに分かれて、呼ばれた参加者が中央に置かれたタオルを取り合う、瞬発力と判断力のいるゲーム。
＊若いほうが有利か？ 若くないなら判断力で応酬だ！

- **人数・規模** 10〜60人
- **場　　　所** 野外（室内でも可）
- **所要時間** 5〜30分
- **準　備　物** 破れてもよいタオル

詳しいゲーム方法（または手順）

・10m離れたところに2チームが向かい合って座り，中央にタオルを置く。
・参加者には1人ずつナンバーをつける。
・リーダーがナンバーコールしたら，呼ばれた人がタオルを取りに行き，無事にもとの場所に戻れたら得点。出遅れた人は相手がタオルを取った瞬間からもとの場所に戻りきるまでに相手にタッチしたら得点となる。
・総合計で勝敗を決める。

❗ 留意点

＊待機の姿勢を「うしろ向き座り」「うつ伏せ寝」「仰向け寝」「腕立て姿勢」「腹筋の途中の姿勢」「片足立ち」など参加者に合わせて変えると楽しい？　苦しい？
＊ナンバーの代わりに森の動物名・植物名などにしても可。
＊参加者がまんべんなくコールされるように気をつける。

ティッシュ飛ばし

ゲームのねらい

＊場の雰囲気を和ませ，仲間づくりに役立てる。
＊身近なもので，ゲームを楽しむ工夫を育てる。

ゲームの概要

＊地面に落とさないように，ティッシュを吹き上げ，滞空時間を競う。真剣になるほど，見ていて楽しめる。

- **人数・規模** 10〜80人
- **場　　　所** 野外（室内でも可）
- **所要時間** 10分
- **準　備　物** ティッシュペーパー（人数分）

詳しいゲーム方法（または手順）

・ティッシュペーパーは1枚のみ使う。
・30秒程度の練習を事前に行っておく。
・よういドン！ でティッシュを放り上げ，口で吹き上げて地面に落とさないようにする単純なゲーム。
・がんばりすぎると，つばが飛んで逆効果。地面に寝ころんで真剣にするのがおもしろい。
・顔や体にティッシュが張りついたら，それも終了とする。

留意点

＊人とぶつかったりしないよう，十分気をつける。
＊全員が見える場所で，グループから1人ずつ出て対抗戦で行うか，グループのチャンピオンを決めて，チャンピオン決定戦をすると盛り上がる。
＊2人でボールパスのように連続して吹くのは，つばがかかるのであまり勧められないが勇気があったらやってみてもよい。
＊風の強い日は避ける。

震源地ゲーム

ゲームのねらい

＊観察力を高め，集中力を養う。

ゲームの概要

＊円になって座っている人のうち，動作をリードしている"震源地"をオニになった人が探し出す。

- **人数・規模** 10〜80人
- **場　　　所** 野外（室内でも可）
- **所 要 時 間** 5〜20分
- **準 備 物** なし

詳しいゲーム方法（または手順）

・全員が一重円になって座る。オニになった人はしばらくその場を離れる。
・リーダーは震源地になる人を決め，震源地の人は行う動作を練習する。
・オニを拍手で迎えて，ゲーム開始。
・震源地の人が楽しげな動作を次々に行い，ほかの参加者がまねをする。
・オニはよく観察して，震源地がだれなのかを3回以内で当てる。
・当てられた震源地は次のオニになる。3回で当てられなかったらリーダーはちょっとしたインタビューをオニにする。

❗ 留意点

＊震源地の人は楽しい動作を10秒くらいで次々にくり出す。
＊震源地になる人はできるだけ希望者がする。

ウ〜　ポン天狗

ゲームのねらい
＊ゲームをとおして親睦の輪を広げる。

ゲームの概要
＊相手につられないように、両拳でつくった天狗の鼻を動かす。「あっち向いてホイ！」の天狗の鼻バージョン。

- ◉ **人数・規模**　10～100人
- ◉ **場　　　所**　野外（室内でも可）
- ◉ **所 要 時 間**　5～20分
- ◉ **準 備 物**　なし

詳しいゲーム方法（または手順）

- リーダーと向かい合って立ち，ゲーム開始。リーダーは両拳を天狗の鼻のようにして自分の鼻の前に置く。参加者も同様にする。
- 「ウ～ッ」と大きな声で唸ってから，両拳をおでこ，あご，鼻（移動なし）に「ポン！」と言いながら移す。
- リーダーと同じ場所に両拳を置いてしまったら負けで，ゲームから脱落したことになり，座る。
- 最後までつられなかった人が勝ち。

🚩 留意点

*リーダーが全員を相手にする場合，勝ち残り人数が少なくなったら，前に出てきてもらって行うと盛り上がる。

*参加者が2人組になって，ジャンケンで先攻・後攻を決めて開始してもよい。この場合，勝負がついたら次の人を探して移動。5勝したらもとの場所に戻る。あるいは，負けたら座って勝ち抜きで相手を探しに行ってもよい。

*勝負の前には必ずあいさつをする。

電線ゲーム

ゲームのねらい
＊観察力を高め，集中力を養う。

ゲームの概要
＊一重円になって手をつなぎ，発電所役が手を握って合図を送り出す。中心にいるオニが電気がどこに回っているかを探して当てる。

- ● **人数・規模** 15〜50人
- ● **場　　　所** 野外（室内でも可）
- ● **所要時間** 5〜20分
- ● **準　備　物** なし

詳しいゲーム方法（または手順）

- オニになった人はその場を一時離れ，その間に発電所役を決める。ほかの参加者は変電所になる。
- 身体のうしろで隣どうしで手をつなぎ，オニを呼び戻してゲーム開始。発電所役は左右どちらかの隣の人の手を握り電気を流す。握られた人はまたその隣の人の手を握り電気を伝える。
- オニはよく観察して3回以内に電気がどこに回っているかを当てる。
- 当てられた電気を送っていた人は次のオニになる。3回で当てられなかったら，オニはちょっとしたインタビューをリーダーから受ける。

留意点

＊手を握る代わりに，宝（コインなど）を回してもよい。
＊当てにくい場合は，発電所から頻繁に電気を送る。また，発電所を警告所として，そこに回れば「ピー」と叫び，見つけやすくする方法もある。

リスの森

ゲームのねらい
* リス役が木役の参加者の腕につかまるので、顔見知りでなくても、かかわり合いの中で、仲良くなるきっかけをつくれるゲーム。

ゲームの概要
* リスの森のそれぞれの木には、ペアのリスが住んでいる。リスは猟師をおそれ、木はきこりをおそれる。台風のときは全員が逃げて、グループを再構成する。フルーツバスケット形式のゲーム。

- **人数・規模** 20〜30人（3の倍数＋1人がベスト）
- **場　　　所** 野外（室内でも可）
- **所 要 時 間** 10〜20分
- **準 備 物** なし

詳しいゲーム方法（または手順）

・3人グループをつくり，それぞれリス役2人・木役1人をジャンケンなどで決める。木役の伸ばした腕に1匹ずつのリスがつかまる形をつくる。
・1本の木には，2匹のリスが住む。
・1人のオニが「きこりが来た！」「猟師が来た！」「台風が来た！」のいずれかを叫ぶ。
・「きこりが来た！」なら木役が，ほかのリスの場所へ移動し，「猟師が来た！」ならリス役がほかの木に移る。「台風が来た！」で全員が移動し相手を換える。
・どこにも入れなかった人が，オニとなりゲームをくり返す。

❗ 留意点

＊「台風が来た！」のときは，リス・木の役割を変わってもよい。
＊木役1人，リス役2人がそろってイラストのようなポーズをとればOK。
＊木役は，腕につかまっているリスをやさしくふりほどいて，違う方向に枝（腕）を延ばし換えると，緊張感がでて楽しい。

人間ドッジ

ゲームのねらい

*参加者の心を和やかにし，助け合うことでより親交を深める。

ゲームの概要

*「ひとはこドッジボール」の要領で，3〜5人がボールの代わりになってそれぞれの指示に従ってまっすぐ進む。

- ● **人数・規模** 20～30人
- ● **場　　所** 野外：バレーボールコート半コートぐらい（室内でも可）
- ● **所要時間** 10分
- ● **準 備 物** 指示書（歩く・走る・スキップなど）を貼ったドッジボール3～5個

詳しいゲーム方法（または手順）

・2チームに分け，一方のチームは正方形の内側に入る。
・外野チームの3～5人がボールを持ち，指示に従って好きな方向にまっすぐ動く。その間にコート内の人にタッチできる。
・ボールは手渡しで外野の仲間に渡し，手渡された人はボールを持ってゲームを続ける。
・コート内の人は自由に動いてタッチされないように逃げる。タッチされたら，コート外に出て仲間を応援する。
・制限時間3～5分内でタッチされた人数が得点になる。
・攻守を代えてゲームをすすめる。

! 留意点

＊慣れたら，指示書のボールの代わりに，ウサギ（両足跳び）・カニ（横歩き）・ダチョウ（前の手は前後に伸縮，うしろの手はしっぽ）・カメ（ゆっくり四つんばい）・イヌ（早い四つんばい）などでそれぞれ「ぴょんぴょん」「かしゃかしゃ」「だちょだちょ」「かめかめ」「わんわん」と声を出すと盛り上がる。

わんわん！ 骨取り合戦

ゲームのねらい

＊グループのチームワークを高める。
＊適度な運動，ウォーミングアップになる。

ゲームの概要

＊グループごとに仲良し犬の集団になり，骨を取り合う。
＊はじめは，真ん中の円に置かれた骨（バトンなど）を自分のグループの円（犬小屋）に持って行く。真ん中の円の骨がなくなれば，ほかのグループの「犬小屋」の骨を取りに行く。

- ● 人数・規模　20〜40人
- ● 場　　　所　野外（室内でも可）
- ● 所 要 時 間　3〜5分
- ● 準 備 物　バトン，とげのない枝など10〜15本

詳しいゲーム方法（または手順）

- 広場の中央に1つの円とグループ（5人ぐらい）ごとに中央から等しい距離に同じ大きさの円（犬小屋）を地面に描く。室内なら，ロープやフラフープを用いるとよい。
- グループが，「仲良し犬のグループ」になり，「犬小屋」のうしろに一列に並んで座る。
- 「よーい，ワン！」の合図で，各グループの1人ずつがスタートし，骨を1本自分の犬小屋まで運ぶ。リレー形式でタッチを受けた次の人（犬）が骨を取ってくる。
- 中央の骨がなくなったら，ほかのグループの「犬小屋」にある骨を取りに行く。
- 時間内にもっとも多くの骨を自分たちの犬小屋に持ち込めたグループが勝ち。

！ 留意点

＊骨を持ってる移動中は，取り合うことがないようにする。
＊自分のグループの犬小屋の骨を守ることはできない。
＊4本早く集めたチームの勝ちなどと決めてもよい。
＊骨を取りに行っている以外の犬は座ること。

2人サンタお宝リレー

ゲームのねらい
＊運び方は工夫ができ，作戦を練るときに親睦が深まり，ゲーム中は励ましあいが生まれる。

ゲームの概要
＊チームで落ち葉をたくさんゴミ袋に集め，それを2人1組で手を使わずに体ではさんでリレーして早さを競う。

- ● 人数・規模　20～80人
- ● 場　　　所　野外で木立のある場所
- ● 所 要 時 間　20～30分
- ● 準 備 物　ゴミ袋(大)と口を結ぶひも(グループ数)、ホイッスル、ストップウォッチ

詳しいゲーム方法（または手順）

- ・偶数人数で，均等になるようにグループになる。
- ・ゲームの内容は知らせずに，時間内（10分程度）に落ち葉をたくさんそれぞれのグループの袋に集めてくる。
- ・リーダーは持ち比べてみて，重い順に10点，9点…と点数化する。
- ・参加者はサンタになって，集めた落ち葉の荷物（袋）を2人1組で手を使わずに体ではさんで木立ちの間をリレーする。
- ・落としたり手を使ったら，はじめからやり直す。
- ・リレーが終了したら座って，ほかのチームを応援する。
- ・タイムのいい順に10点，9点…と点数化し，重さの点数を加えて順位を決める。

! 留意点
- ＊距離を長くせずに，木立ちをくるくる回るコースが楽しい。
- ＊荷物のはさみ方は自由で作戦タイムをつくるとよい。
- ＊集めた落ち葉は，炊事や焼きイモに使うと一石二鳥。

Ⅱ 親睦系

無言で仲間探し

ゲームのねらい

*全員が同じ目標タイムをめざすので，助け合ってゲームを進めることができ，団結力が深まる。

ゲームの概要

*リーダーの出す課題に沿って，話をせずに身ぶり手ぶりだけで仲間を見つけて座る。

- ● 人数・規模　20〜80人
- ● 場　　　所　野外（室内でも可）
- ● 所 要 時 間　5〜20分
- ● 準　備　物　ストップウォッチ

詳しいゲーム方法（または手順）

- リーダーは「血液型」「家族の数」「生まれ月」「ひいきの野球チーム」「星座」などのような課題を提示する。
- ゲームを開始する前に，目標タイムを決めさせる。リーダーの判断でそのタイムが甘ければ，「それでホントにいい？　それで団結力がつく？」と聞いて揺さぶる。
- ゲームが始まったら，参加者はおしゃべりを一切しないで身ぶり手ぶりのみで，自分の仲間を探す。
- 全員が仲間を探せたら，なんらかの合図（「いっせいの〜で！」など）を出し同時にその場に座る。
- かかった時間を発表したあと，仲間分けが合っているかリーダーが聞いて確認する。
- すべて合っていれば自然と拍手が生まれるが，拍手がない場合は促す。
- まちがっていれば，その原因を尋ねる。
- 同様に，次の課題に挑戦する。

! 留意点

＊リーダーはゲームがかなり進行したら，まだ仲間が探せていない人に助けの手を差し伸べることに気づかせる。

Ⅱ　親睦系

三位一体

ゲームのねらい
＊心と体をほぐして，親近感を深める。

ゲームの概要
＊円になって座った参加者のうち，指名された人とその両隣の人が，瞬時に指定されたポーズをする。瞬時の判断で反射神経が試される。

- ● **人数・規模** 20～100人
- ● **場　　　所** 野外（室内でも可）
- ● **所 要 時 間** 5～15分
- ● **準 備 物** なし

詳しいゲーム方法（または手順）

- リーダーを囲んで円になり、3人1組で指定のポーズを3つ覚える。
- リーダーは「三位一体、やんべか？　やんべか？」と大きな声でたずね、参加者は「やんべ！　やんべ！」と大きな声で答える。次の瞬間リーダーはだれかを指名し、3回指定ポーズを叫ぶ。たとえば、「くじら」とか「飛行機」。3人で1つのポーズになるようにする。くじらだったら真ん中が「しおふきのポーズ」左右が「波のポーズ」、飛行機だったら真ん中が「両手を広げて翼」左右が「座ってプロペラ」などが考えられる。その間にポーズができなかったり、変なポーズをしたらアウト。
- アウトになった3人はジャンケンをして、負けた人が次のリーダーとなる。

❗ 留意点

＊指定するポーズは3つぐらいにし、あまり複雑にしないようにする。
＊リーダーは交代せずに、ずっとリードしてもよい。
＊相手のキャラクターを考えて指名するのが、ゲームの成否にかかってくる。リーダーの人を見る目が試される。

進化ジャンケン

ゲームのねらい

*参加者どうしのコミュニケーションを図る。

ゲームの概要

*同じポーズをしている人とジャンケンをして勝ったら，ゴキブリ→ニワトリ→サル→人間→神様の順にどんどん進化していく。神様に早くなった人が勝ちというゲーム。

- **人数・規模** 20 〜 100 人程度
- **場　　　所** 野外（室内でも可）
- **所 要 時 間** 10 分
- **準 備 物** なし

詳しいゲーム方法（または手順）

・ ポーズと言葉を覚える。

＜ポーズと言葉の例＞
ゴキブリ：四つんばいになって「ゴキゴキ」と言う。
ニワトリ：脇に手を入れて「コケコケ」と言う。
サ　ル：やや前かがみになって「ウッキー」と言う。
人　間：普通に歩いて人に会ったら「こんにちは」と言う。
神　様：手を頭に乗せ，くるくる回る。

・ まず，全員がゴキブリになり，ジャンケンをする。勝った人はニワトリに進化し，負けた人は進化せず，再びゴキブリの人どうしでジャンケンをする。
・ 進化する順番は，ゴキブリ→ニワトリ→サル→人間→神様の順。同じポーズをしている人とジャンケンをして勝ったら，次のものに進化できる。
・ ポーズをしながら指定された言葉を必ず言う。
・ 神様に進化した人は，くるくる回りながら，参加者の外側に円になるように順番に並ぶ。
・ 最後には神様以外は１人ずつになるので，それでゲームは終了。

❗ 留意点
＊参加者の実態に合わせて，進化する動物に配慮する。

Ⅱ 親睦系

Ⅲ
協力系ゲーム

協力により，望ましい人間関係をつくることを目的としたゲームである。

はなれあいたい

ゲームのねらい

* 2人の呼吸を合わせて、仲良く気持ちを1つにするゲーム。
* 2人で風船を運ぶことに夢中になるゲーム。

ゲームの概要

* 2人で手を使わず身体の一部分(おでことおでこ・おしりとおしり・背中と背中など)だけを使って早く風船を運ぶゲーム。

- ● **人数・規模** 2人1組方式(何組でも可)
- ● **場　　所** 野外(室内でも可)
- ● **所要時間** 20分
- ● **準 備 物** ゴム風船

詳しいゲーム方法(または手順)

・各チーム2人1組になり,身体の一部分(おでことおでこ・おしりとおしり・背中と背中など)だけで風船をはさんで,スタートラインから「よーいドン」でスタートする。
・2人で力をあわせて,風船をはさんだまま折り返し地点を回り,スタートラインに戻りゴールとなる。
・途中で風船が身体から離れたら,もとの場所まで戻って続ける。

❗ 留意点

＊人数が多い場合は,チーム数を増やしリレー形式にする。この場合は,各チームでリーダーを決め,リーダーが風船を2人の身体の一部分にはさむ。
＊はさむ箇所をほお,あご,胸,腹など,参加者の構成によって工夫すればおもしろい。
＊応用として多人数で風船をはさんで,列をつくり落とさないように運ぶゲームも考えられる。
＊リレー形式ですると,グループ対抗になる。

人間振り子
（トラスト・フォール3人組）

ゲームのねらい
＊仲間を信頼し，危険な行動に挑戦する活動。

ゲームの概要
＊仲間を信頼して前後左右に倒れ，それをほかの2人が支え受けとめるゲーム。

- **人数・規模** 3人1組方式（何組でも可）
- **場　　　所** 野外（室内でも可）
- **所 要 時 間** 10分
- **準 備 物** なし

詳しいゲーム方法（または手順）

- 最初に振り子になる人を決め，その人は両側の人の真ん中に立ち，両側の人が支える。
- 振り子になる人は，目をつぶり身体をまっすぐにして左右に倒れる。
- 両側の人は，倒れてくる振り子をしっかり支え受けとめ，反対側に押し返す。
- 振り子になる人は，左右に倒れ，押し返されるまで振り子のように右や左に揺れる。
- 左右に倒れることができれば，前後に倒れることもできる。

❗ 留意点

＊倒れるポイントは，身体をまっすぐにして直立して倒れること。胸の前で両腕をクロスさせて倒れるとより安全。ひざを曲げたりすると危険。支える人は，しっかりと身体で受けとめるよう，とくに頭部の安全確保には必ず気をつける。

命はあずけた！
（トラスト・フォール 10人以上）

ゲームのねらい
＊仲間を信頼し，危険な動きに挑戦する活動。

ゲームの概要
＊台の上から仲間を信頼してうしろ向きに倒れ，それをグループのみんなが人間ネットとなり受けとめる。

- ◉ **人数・規模** 10人以上
- ◉ **場　　所** 野外（室内でも可）
- ◉ **所要時間** 20分
- ◉ **準 備 物** 人が立てる1mぐらいの高さの台

詳しいゲーム方法（または手順）

- 最初にトラスト・フォールする人を決め，その人は台（高さ1mぐらい）の上に立つ。
- グループのほか人は，下で人間ネットをつくる。
- 人間ネットとは，グループの人が2列に向かい合い，両手をしっかりつなぎ合い，ジャンプしてくる人を支える腕のネットのこと。
- トラスト・フォールする人は，人間振り子（トラスト・フォール3人組）（p.88参照）のように目をつぶり腕組みし，人間ネットのほうに背中を向け，かかとが台から少し出るぐらいの位置に立つ。
- 倒れるときには，「いきます」とか「トライ」とかの号令をかけ，人間ネットに倒れる。
- 人間ネットの人たちは，両腕でしっかり倒れてくる人を受けとめる。

❗ 留意点

＊トラスト・フォールのポイントは，身体をまっすぐにして倒れることである。お尻から落ちたり，ひざを曲げたりすると危険。3人組のトラスト・フォールで練習・習得しておくことが必要。

スタンド・アップ

ゲームのねらい
＊手軽に行え，工夫点を話し合い，協力しながら達成感を共有しあえる活動。

ゲームの概要
＊最初は2人組から挑戦し，向かい合い膝を立ててつま先を合わせて腰を下ろし，両手をつないで，「いっせーの」で一気に立ち上がる活動。2人組ができれば，4人組，8人組，16人組，と人数を増やして挑戦する。

- **人数・規模** 2人1組方式（何組でも可）
- **場　　所** 野外（室内でも可）
- **所要時間** 20分
- **準 備 物** なし

詳しいゲーム方法（または手順）

・2人1組になり，膝を立てて腰を下ろし，向い合ってつま先を合わせ，両手をつないで座る。「いっせーの」で，2人同時に立ち上がる。
・できない場合は，力の集中するところなどを工夫して何度もトライする。
・2人1組ができたら，4人1組で挑戦をする。
・4人1組，8人1組，16人1組と人数を倍に増やしてトライしていく。

！ 留意点

＊力の入れかたなどを考えて，手がほどけてうしろにひっくり返らないように気をつける。
＊人数が増えるほど難しくなり，グループの協力が必要になる。

言うこといっしょ, やることぎゃく

ゲームのねらい

＊リーダーの言葉に合わせて「かけ声」と「動作」で反応することで,「頭と体」の力を高める。
＊グループ内の連帯感を高める。

ゲームの概要

＊数人1グループで,リーダーの言葉に合わせて「かけ声」と「動作」で「右・左・前・後」と動く。グループは手をつないでいるために,うまくそろわなければ大変なことに！ はたして何回連続してクリアできるか？

- **人数・規模** 5〜7人が1グループで数グループ
- **場　　　所** 野外（室内でも可）
- **所 要 時 間** 10〜25分
- **準 備 物** なし

詳しいゲーム方法（または手順）

・参加者は，横一列になって，手をつなぐ。
・リーダーの言葉（指示）に従って，「右・左・前・後」へと一歩ジャンプして移動する（手はつないだまま）。

 リーダー　「言うこといっしょ，やることぎゃく」
 参加者　　「言うこといっしょ，やることぎゃく」
 リーダー　「右」
 参加者　　「右」（と言って，左に一歩跳ぶ）
 リーダー　「前」
 参加者　　「前」（と言って，うしろに一歩跳ぶ）

以下，くり返し　連続して何回成功するかを競う。

❗ 留意点

＊各グループで，何回連続して成功できるかを競争させる。うまくあわなければ，列が乱れてしまう。
＊リーダーを交代して，グループ対抗ですることもできる。
＊バリエーションとして
　①「言うこといっしょ，やることいっしょ」
　②「言うこといっしょ，やることぎゃく」
　③「言うことぎゃく，やることいっしょ」
　と難易度を変えていくと楽しい。

目隠し多角形

ゲームのねらい
* グループで協力し、指示された多角形を工夫してつくる。
* お互いに協力し、達成感を味わう。

ゲームの概要
* グループで目隠しをして輪になったロープを持ち、四角形、三角形など指示された図形をロープでつくる課題ゲーム。

- ● **人数・規模** 5〜9人が1グループで何グループでも可
- ● **場　　　所** 野外（室内でも可）
- ● **所要時間** 10分
- ● **準　備　物** ロープ（長さ5m程度・グループ分），目隠し用タオル（人数分）

詳しいゲーム方法（または手順）

・参加者全員が目隠しをして，円形に並び中心を向いて，ロープをにぎる。
・リーダーは，四角形，三角形などの図形を指示する。参加者はロープを離さずに指示された図形をつくる。
・ロープを持っている人すべてがロープの頂点になる必要はない。したがって，3人以上で三角形，4人以上で四角形としてもよい。
・図形が完成できたら目隠しを取り，どれだけ正確に図形が完成しているか確認し合う。

❗ 留意点

＊目隠しをしているので，転ばないように，またロープを無理に引っ張らないようにする。
＊グループ対抗で，どれだけ協力して正確な図形が完成するかを競ってもおもしろい。
＊発展系として，ロープを使わず，図形の作成や，「北斗七星」「カシオペア座」などの星座の形に挑戦することもできる。

Ⅲ 協力系

へびの皮むき

ゲームのねらい
*グループで身体を使い,へびが皮をむいているように動き,お互いに協力し,達成感を味わう。

ゲームの概要
*グループ全員が一列になり,股から手を出し前後つないだ状態で人を股でくぐって後ずさりしていき,またもとどおりに戻る課題達成ゲーム。

- **人数・規模** 6〜10人が1グループで何グループでも可
- **場　　　所** 野外（室内でも可）
- **所 要 時 間** 10分
- **準 備 物** なし

詳しいゲーム方法（または手順）

・グループ全員が，縦一列に同じ方向を向いて各自右手を自分の股からうしろへ出す。
・前の人の股から出た右手を自分の左手とつなぐ。
・リーダーの指示によりスタート。最後尾は，手を離さずその場に寝転ぶ。
・手を離さず順々に全員が寝転んで，前の人はうしろの人をまたいでいく。
・全員が手を離さず寝転べば，最後尾（最初に先頭にいた人）から起き上がり，もとに戻る。
・もとに戻れば，終了。

留意点

＊手を離せば，最初からやり直し。
＊グループでどれだけ早く，協力してできるかを競ってもおもしろい。
＊できるだけ密着すれば，早くできることを教えたり，グループで相談して考えるのもよい。

ファイヤーウォール（高圧電線）

ゲームのねらい

* ロープに触れずに越えていくために，参加者どうしで知恵を出し合い協力できる。
* ハンデを克服するためにほかの参加者と仲良くなれる。

ゲームの概要

* 1mぐらいの高さに張ったロープ（高圧電線）の片側に参加者がいる。全員が協力してロープに触れることなく越えて反対側に移る

- ● 人数・規模　7〜10人
- ● 場　　　所　野外の木立の中（室内でも可）
- ● 所要時間　15分
- ● 準　備　物　ロープ（ひも）3〜5mを数本

詳しいゲーム方法（または手順）

・ロープ（ひも）を木に結び，1mぐらいの高さに張る。
・全員が協力して，このロープをさわらずに上から越えていくことを伝える。どんな方法を使って越えてもよいが，全員が移動することを確認しておく。
・途中でロープに当たったり引っかかるとアウトとなり，やり直しとなる。全員で越えることができれば成功。
・ゲームを終えたあと，感想を出しあい，各人のよかったところをほめあうようにする。

留意点

＊ロープの下をくぐったり，ロープを持ったりしてはいけないことを伝える。
＊ロープの高さは，参加者の背の高さに合わせて変えてもよい。
＊丸太や丈夫な石を置いておき，利用してもよいことを伝えると工夫できる。

くもの巣くぐり

ゲームのねらい

＊グループ全員が協力して，力を合わせて達成感を共有しあう。

ゲームの概要

＊人工的につくったクモの巣を，グループで協力して全員がくぐり抜けるゲーム。
＊たこ糸でつくったクモの巣の間を1人ずつ糸にふれずに通過できれば成功。

- ● 人数・規模　7〜10人
- ● 場　　　所　野外の木立の中（室内でも可）
- ● 所 要 時 間　20分
- ● 準 備 物　たこ糸，室内なら糸を掛けるポール
  　　　　　　（例：ソフトバレーボール用ポールなど）

詳しいゲーム方法（または手順）

・木立の間に，たこ糸をクモの巣のように交互に掛けていく。
・リーダーは「これは，巨大毒グモの巣です。みんなは協力して，このクモの巣をくぐり抜け逃げなければ，毒グモに食べられてしまいます」と説明する。
・「しかし，クモの糸にふれると張りついてしまい，抜けられません。もう一度やり直しになります」と説明する。
・「さあ，みんなで協力して，全員がこの巨大毒グモの巣をくぐり抜けましょう」と説明する。

❗ 留意点

＊グループで協力して，身体を支え，持ち上げてくぐり抜けることができる。この場合，トラスト・フォール（p.88〜91参照）などの身体を支える活動を事前に実施しておくとよい。
＊一度だれかが通過したすき間は，通れないようにすれば（1人1穴），難しくなりおもしろい。
＊ジャンプして飛び込むなどの危険行為は禁止。

音波障害

ゲームのねらい
*お互いに協力し，団結して行動する能力を養う。
*思考力を高め，工夫する能力を高める。

ゲームの概要
*発声役が，別のところにいる味方の聞き役に大声で，ある言葉を叫んで伝える。妨害チームは，彼らの間に立って，大声や奇声を発したり，手を大きく振ったりして，相手チームの叫んでいる言葉が伝わらないようにする。

- ● **人数・規模**　7～10人が1グループで2グループ以上
- ● **場　　　所**　野外（室内でも可）
- ● **所 要 時 間**　7～10分
- ● **準 備 物**　時計，笛，メモ用紙

詳しいゲーム方法（または手順）

- 2チームに別れ，発声チームと妨害チームを決める。
- 発声チームは聞き役（1～2人）と発声役（残りのメンバー）に分かれ，20m離れて向き合う。
- 妨害チームは，発声チームの中間に入る。
- 発声チームの発声役は，事前に用意されたメモの内容（7文字程度の言葉）を大声で，30秒間聞き役に伝える。
- 妨害チームは，中間付近で無意味な言葉などを大声で出したり，手を大きく振ったりして発声役の声を聞き役に聞こえないようする。
- 30秒以内で，聞き役は自分のチームの言葉を聞きとる。
- リーダーは30秒後に両チームの発声を止め，聞き役にその言葉を発表させ，言葉が正しければ，発声チームの勝ちとし，正しくなければ妨害チームの勝ちとする。
- 1ゲームが終了すれば，発声チームと妨害チームの役割を交代する。これを2回ずつ行い，全体の勝敗を決める。

❗ 留意点
* 伝える言葉や妨害する言葉で，個人や集団を中傷することは言わない。
* 発声役は発声するだけで，ゼスチャーは行わない。

サークルオニごっこ

ゲームのねらい
＊親睦をはかりながら，野外や室内で力いっぱい楽しく遊ぶことができる。

ゲームの概要
＊1本の縄を使って簡単に楽しくゲームができる。ロープで輪をつくり，その輪の中に参加者全員が入ることで体を寄せ合いながら楽しく活動できる。また，輪の中にいることで，はじめて会った人どうしも親睦を深めることができる。

- ● **人数・規模** 10〜15人
- ● **場　　所** 野外（室内でも可）
- ● **所要時間** 3分以内
- ● **準備物** ロープ長（長さ10m太さ20mm程度），ロープ短（1m程度の輪ができるもの）各1本

詳しいゲーム方法（または手順）

- ・長いロープで大きな輪をつくり，参加者は全員その中に入り，腰のあたりでロープを両手で持って用意する。
- ・輪の中心にオニが立つ。短いロープで1m程度の輪をもう1つつくり，オニはそこから外へは出られないようにする。
- ・合図によって参加者がそれぞれ力いっぱいうしろに下がる。
- ・下がるとだれかがオニのほうへ近づくため，オニにつかまる。
- ・つかまった人がオニになり，ゲームをくり返す。

! 留意点

＊ロープの輪はしっかりと結び，途中でほどけないようにしておく。

＊あまり長い時間続けると腰や手が痛くなるので，1〜3分の時間を決めて行うとよい。

＊ロープはタイガーロープなどのビニール製のものではなく，綿製がよい。

フープ・リレー

ゲームのねらい

*協力,相談,工夫をしながら何度も挑戦し,達成感を共有しあう。
*協力することの楽しさを確認する。

ゲームの概要

*一列の円になり,内側を向いて手をつなぐ。両手のつなぎめにフラフープを入れ,手を離さず隣の人に順番に送っていき,もとの場所に戻ってくるタイムを計る。

- **人数・規模**　10〜15人
- **場　　所**　野外（室内でも可）
- **所要時間**　20分
- **準 備 物**　フラフープ2本，ストップウォッチ

詳しいゲーム方法（または手順）

- 1グループ15人ぐらいが，一列の円になり，内側を向いて手をつなぐ。
- 手のつなぎめのどこか1つにフラフープを入れる。
- そのフラフープを手を離さずに隣の人にどんどん送っていき1周する。
- フラフープが1周するのに，どれだけの時間がかかるかタイムを計る。
- グループでどうすれば早くフラフープを送れるか相談し，挑戦する。

❗ 留意点

＊何度も挑戦し，どれだけタイムが縮まるかを工夫・相談しながらトライし，達成感を共有する。

＊グループ対抗で，タイムを競うと楽しい。

＊フラフープを2本にして交差するように回すと，違ったおもしろさがでる。

＊参加者が増えると（20人以上），待っている時間が長くなり，飽きやすくなる。

空飛ぶジュウタン

ゲームのねらい

* 参加者どうしの協力により，助け合い，譲り合う姿勢をもつ。
* 身体を接触させてバランス感覚を図る。

ゲームの概要

* ジュウタン（板，シート，バスタオルなどでも可）の上に，何人乗れるかを協力して競うゲーム。1人ずつジュウタンに乗っていき，お互い体を密着させて狭いジュウタンの上から落ちずに5秒以上乗っていられるかどうか。

- ● **人数・規模** 15人程度（ジュウタンの大きさによるが何組でも可）
- ● **場　　　所** 野外（室内でも可）
- ● **所要時間** 10分
- ● **準 備 物** ジュウタンに代わる板，シート，マット，バスタオルなど（1m四方形が適当）

詳しいゲーム方法（または手順）

・リーダーは以下のようにゲームの説明をする
　「さてこのジュウタンに，何人乗ることができますか」
　「みんなで協力してやってみてください」
　「1人ずつ，ジュウタンに乗っていき全員が5秒間乗っていられれば成功です」
　「では，どうぞ，やってみてください」
　チームごとに挑戦する。

❗ 留意点

＊ジュウタンに代わるものとして，跳び箱やポートボール台などが考えられるが，落下して転ぶ危険もあるので，板やマットなどのあまり高くないものがよい。

＊参加者によっては，段差のないシートなどが望ましい。

＊おんぶ・肩車などの実施の可否は，参加者の年齢や体力で決める。

目隠しボールパス

ゲームのねらい

＊グループのコミュニケーションを図り，信頼関係を深める。

ゲームの概要

＊参加者が目隠しして，しゃべらずに１人ずつ順番にボールを渡していくという課題を解決していく中で，信頼関係を深めていくゲーム。

- ◉ **人数・規模** 10 〜 20 人
- ◉ **場　　　所** 野外（室内でも可）
- ◉ **所 要 時 間** 20 〜 30 分
- ◉ **準　備　物** ビーチボール，またはソフトバレーボール1個，目隠し用のタオル（人数分），ストップウォッチ

詳しいゲーム方法（または手順）

・ゲームの課題を以下のように説明する。

「これから，みなさんに目隠しをしてもらいます。目隠しできたら，私がみなさんをバラバラな位置に連れていき，1人にビーチボールを渡します。スタートの合図で，そのボールをしゃべらずに目隠ししたまま，最初の人から順番にメンバーに渡していって下さい。全員に渡し終えたら，最後の人は，好きな言葉を叫んで下さい。その声で，終了です」

・課題を解決するために，どうすればよいか，グループで話し合ってもらう。実際に練習することはできない。
・話し合いが終わったら，目隠しをしてもらい1人ずつバラバラな位置に連れていきスタートする。
・最初の人から最後の人まで，ボールが渡り，最後の人が叫んで終了。

🚫 留意点

＊目隠しをして移動するときには安全に気をつける。

ラッシュアワー

ゲームのねらい

* 紙テープの輪に順に入っていくことで，協力とスリルを楽しめる。
* グループの仲間で譲りあいとスキンシップが経験できる。

ゲームの概要

* グループで協力して，紙テープの輪の中に1人ずつテープを切らずにできるだけ多くの人が合図とともに順番に入っていくゲーム。

- **人数・規模** 10～20人が1グループで数グループ
- **場　　　所** 野外（室内でも可）
- **所 要 時 間** 10分
- **準 備 物** 紙テープ（グループ分）

詳しいゲーム方法（または手順）

- 1グループのメンバーが入りきれない程度の紙テープの輪を用意しておく。
- リーダーの合図で，各グループから1人ずつ出てきて，自分のグループの紙テープの輪に入る。
- 次の合図で，2人目の人が入る。紙テープは，腰の高さに持っておく。
- 順に合図で，3人目，4人目，5人目と紙テープを切らずに中に入っていく。
- 紙テープを切らずに中に一番たくさん入れたグループが優勝。テープが切れればその時点でアウト，終了。

❗ 留意点

＊テープの長さは，グループのメンバー全員が入りきれない程度の長さにしておくとおもしろい。

みんなでジャグリング

ゲームのねらい

*グループで協力し，パスを回しその達成感を共有しあう。
*ほかの人の失敗をお互いに励ます雰囲気が共有できる。

ゲームの概要

*グループ全員が内側を向いて円になり，決められた順にボールをパスしあうゲーム。パスするボールの数を増やしていけば，円の中は，ジャグリングのようになる。

- **人数・規模** 10〜20人
- **場　　　所** 野外（室内でも可）
- **所要時間** 30分
- **準　備　物** ボール・ぬいぐるみ・その他（キャッチしやすいもの）

詳しいゲーム方法（または手順）

・グループ全員が円になり内側を向き，向かい合っているグループの仲間にボールをパスする。
・リーダーが，最初にだれかにパスし，その後はだれからパスを受けて，だれにパスをするのかを決定し確認していく。
・ボールが空中衝突したり，受け損じたり，同時に2個以上のボールを持ってはいけない。そうなれば，最初からやり直し。
・はじめに，最終的に何個のボールが投げられるかグループで目標値を決める。そして，失敗せずにすべてのボールがリーダーに戻ってくれば成功。
・成功すれば，再度，目標を設定し挑戦する。

! 留意点

＊最初は，与えられた目標値でスタートするが，自分たちのグループで目標値を決めると，自分たちの課題になる。

あと片付けもわすれずに

ゲームのねらい

＊仲間と精神統一をしながら協力し，楽しさや達成感を成就させる。

ゲームの概要

＊1本の縄とペットボトルなどの廃材を使って楽しくゲームをすることができる。また，2人1組になって力を合わせることで，協力する力が育つ。リレー形式のゲームなので運動会や体育の学習でも活用することができる。

- **人数・規模** 2人1組方式で20〜30人
- **場　　　所** 野外（室内でも可）
- **所 要 時 間** 15分
- **準　備　物** 各チームにロープ（長さ2m太さ20mm程度）1本，ペットボトルや空き瓶（同規格のもの）2〜3本

詳しいゲーム方法（または手順）

・2人1組となりロープの端をそれぞれ片手で持ってスタートする。
・途中に立っているペットボトルや空き瓶をロープで倒していき，折り返し点を回って帰ってくる。
・帰りは，倒したペットボトルや空き瓶を2人で力を合わせてロープで起こしてもとに戻す。
・次の人にロープを渡してゲームが続く。

⚠ 留意点

＊ペットボトルや空き瓶を起こすときはロープ以外は使わない。
＊起こす位置はどこでもよい。
＊ペットボトルや空き瓶がたくさん用意できない場合は，タイム測定で勝負をつけることも可能。

人間いす（ヒューマンチェアー）

ゲームのねらい
*一列の輪になり，お互いの膝の上に腰掛けるので，信頼と連帯感が生まれる。
*お互いに息を合わせ，達成感を味わう。

ゲームの概要
*参加者全員が同じ方向に向いて，リーダーの合図で，うしろの人の膝の上に転ばないようにしゃがみ腰掛ける。
*腰掛けることができたら，両手を挙げてバンザイをし，その姿勢を続ける。

- ◉ 人数・規模　30人以上
- ◉ 場　　　所　野外（室内でも可）
- ◉ 所 要 時 間　10分
- ◉ 準 備 物　なし

詳しいゲーム方法（または手順）

・参加者全員が，同じ方向を向いて一列の円形に並び，前の人の肩に手をかける。
・リーダーの合図で，参加者はゆっくりと膝を曲げながら，うしろの人の膝の上に腰掛ける。
・ぐらつき転ばないように，慎重にうしろの人の膝に座り，肩にかけた両手を挙げバンザイする。
・この姿勢を，5秒間みんなでカウントダウンできれは成功。

❗ 留意点

＊リーダーはけがのないように，慎重にけっして無理をしないように行う。
＊身長・体格に大きな開きがある場合は難しいため，できるだけそろえるようにしたほうが成功しやすい（例：身長順に並ぶなど）。
＊カウントダウンをしたあと，全員で信頼・協力の達成感を確認しあう。

チクタク・チクタク・ボーン

ゲームのねらい
＊気持ちを1つにして，課題を解決する。
＊協調性を培う。

ゲームの概要
＊古い大時計になったつもりで，チク・タク・チク・タク・ボーンのコールをまちがいなく行う。若い参加者には不利かな？

- ● 人数・規模　10〜50人
- ● 場　　　所　野外（室内でも可）
- ● 所要時間　5〜20分
- ● 準　備　物　なし

詳しいゲーム方法（または手順）

・参加者全員で1つの円になり内側を向いて立つ。リーダーは「古い大時計になったつもりで時を知らせましょう」と言い以下の説明する。

・「チク」「タク」「チク」「タク」「ボーン」で1時，「ボーン」を2回で2時を表す。以下同様に目標の時間までまちがわずに1人1コールしていく。

・「ボーン」のときは大きくジャンプしながらコールする。まちがったら，その人からやり直し。

🛈 留意点

＊何時まで進んだかわかりにくくなるので，あとのほうは「指折り」で数えることを許可する。

＊「チク」「タク」のときも横揺れポーズを入れると，楽しさが増す。

＊まちがえた人を責めないように配慮する。

私渡し

ゲームのねらい

＊お互いに協力し，団結して行動する能力を養う。
＊思考力を高め，工夫する能力を高める。
＊自他に対する注意力と，慎重な態度を養う。

ゲームの概要

＊グループの1人を，みんなの腕越しに目的地まで運び，その速さをほかのグループと競う。

- **人数・規模** 11人以上が1グループで数グループ
- **場　　　所** 野外（室内でも可）
- **所 要 時 間** 10分
- **準 備 物** ストップウォッチ，笛

詳しいゲーム方法（または手順）

・グループの1人をほかのメンバーで20 m運び，ほかのグループとタイムを競う。
・運ばれる人は，ほかのメンバーの伸ばした腕の上に横たわり，移動する。
・運んでいる人は，運ばれる人が自分の腕の上を通過すれば，その位置から前方に移動し，再び腕の上を通過させる。それを何度もくり返し，ゴールまで運ぶ。

! 留意点
＊腕の上を人が通過するので，対面の人としっかり手をつなぎ，移動者の落下を防止する。

Ⅳ
野外・自然系ゲーム

野外や自然体験を盛り込んで,そのすばらしさを感じ取ることを目的としたゲームである。

島渡り

ゲームのねらい

＊グループ内で知恵を出し，協力して問題を克服する。
＊個々の体力，運動能力などすべての力を集約し，協力することにより，共通の喜びや成就感を味わう。

ゲームの概要

＊グループ内で相談し，ロープの島をいかに早く全員が渡り終えるか，タイム戦・対抗戦をする。

- **人数・規模** 1～6人が1グループで数グループ
- **場　　　所** 野外（室内でも可）
- **所要時間** 15分
- **準　備　物** ロープ（長さ10m太さ10mm程度）グループ分

詳しいゲーム方法（または手順）

・スタート位置でロープの一方を持ちロープにたるみをつけながら複数個の輪をつくる。
・足が入る複数個の輪を島に見立ててグループ全員を渡らせる。
・先頭者は先頭位置にグループ全員が入れる輪をつくっておく。
・タイム戦，対抗戦どちらでもできる。

⚠ 留意点

＊見学者が審判をしてもよい。
＊輪から落ちたときは（外に足を出したときは）もとの位置に戻る。
＊リーダーは参加者の体力に配慮し，輪の間隔や大きさを考える。
＊作戦タイムをつくり，グループ内で工夫し，意見をどのように取り入れたかなども評価する。

Ⅳ 野外・自然系

レストラン イン フォレスト

ゲームのねらい
* 想像力をはたらかせながら、自然を深く観察する。
* いろいろな発想を引き出す。
* グループ内のコミュニケーションを図る。

ゲームの概要
* 与えられたメニューを自然の中にあるものを使ってそれらしい料理の形にしていく活動。

- **人数・規模** 3〜8人が1グループで数グループ
- **場　　　所** 野外
- **所要時間** 40〜60分
- **準 備 物** メニューを書いたカード（○○定食など），大きめの紙皿またはバーベキューなどで使うアルミ箔皿，のり，セロハンテープ，ガムテープ，はさみ

詳しいゲーム方法（または手順）

・カードに書かれた課題メニューをつくる。課題はグループごとに別々にしたほうが発表会がおもしろい。
・課題メニューをつくる材料は，周辺の自然の中から集めたものだけを使うことを約束する。
・どれだけ本物のメニューに似たものをつくることができるかを競う。
・時間を設定して活動を始め，時間がきたら集まってグループごとに発表をする。

! 留意点

＊必ずグループでまとまって行動するように指示する。
＊自然に対するローインパクトの精神を説明する。──落ちているものを使い，けっして生えているものを折ったり，抜いたりはしない。必要以上の材料は取ってこない。
＊余った材料や発表会後に作品を解体した材料は，もとにあった場所に戻すように心がける。

Ⅳ 野外・自然系

森の正義のレンジャー隊
「課題をクリアーし，さあ森のヒーローになろう！」

ゲームのねらい

*お互いに協力し，団結して行動する能力を養う。
*身近にある自然に対して，観察する力を高める。
*オリエンテーリングやラリーのはじめに行うことで，グループの仲間意識を高める。

ゲームの概要

*森の神様から出される3つの課題に全員で挑戦し，森のヒーロー「正義のレンジャー隊」になろう。五感をふんだんに使って，それぞれの試練を突破しよう。

- ● **人数・規模**　4〜6人が1グループで何グループでも可
- ● **場　　　所**　野外
- ● **所要時間**　15分
- ● **準 備 物**　中身が見えないビニール袋，周囲の自然物

詳しいゲーム方法（または手順）

・森の神様から，正義のレンジャー隊になるための3つの課題をもらう。

- 触るレンジャー：周囲にある石や枝を5つ用意する。その中から1つを見えないようにビニール袋に入れる。挑戦者グループは全員が目をつぶりながら1人ずつさわり，さわった物がどれであったかを5つの中から選び，当たれば合格。
- 見るレンジャー：周囲にある落ち葉を用意。グループで同じ葉を探せれば合格。
- 匂うレンジャー：目をつぶり，用意した植物の匂いを嗅ぎ，同じ植物を見つけられれば合格。
- 食べるレンジャー：周囲にある食用の植物やその土地で採れた食物を全員で食べられれば合格。
- 聞くレンジャー：周囲にある自然物を5つ用意。そのうち3つを叩いて音を出す。出た音を頼りに，どの順に叩いたのかを当てられれば合格。

! 留意点

＊その場の状況に応じて，課題は柔軟に変化させる。
＊食べるレンジャーについては，食中毒に注意する。
＊各課題に合格したあと，課題に合わせたポーズとかけ声を森の神様といっしょにみんなでするとより盛り上がる。

Ⅳ　野外・自然系

猟犬ゲーム

ゲームのねらい
*自然の中で活動する楽しさを味わう。
*グループ内のコミュニケーションを図る。

ゲームの概要
*活動の導入として，参加者が猟犬となり，自然の中に隠された動物カードを探し出すゲーム。
*どのグループがどんなカードを見つけられるかを競いながら自然の中で活動する楽しさを味わう。

- **人数・規模** 5〜8人が1グループで数グループ
- **場　　　所** 野外
- **所要時間** 30分
- **準　備　物** 動物の名前と絵が描かれたカード（人数分×2倍程度）

カードはいろいろなバリエーションを考えて作る。

<例：30人くらいで行う場合>

[うさぎ] 30枚, [しか] 15枚, [くま] 10枚, [かもしか] 5枚。カードの種類によって点数を変える。[かもしか] は狩猟禁止なのでマイナスの点数とする。

詳しいゲーム方法（または手順）

・動物カードをすぐには見つけにくい場所に隠す。
・「始め」の合図で，各グループごとに隠されているカードをできるだけ多く探し出す。
・時間設定をし，時間がきたら集まってカードの総得点を発表する。集合時間に遅れた場合は減点する。
・[かもしか] のカードがマイナス点であることは，その理由とともにあとで発表する。

留意点

＊必ずグループごとにまとまって行動するよう指示する。
＊活動場所の限定をはっきりさせる。小学生の低学年以下が対象の場合は，エリアの目印をつけておくなどの準備が必要。

"木の実"の争奪合戦

ゲームのねらい

* 自然物を使いすばやく反応し，仲間と楽しむ。

ゲームの概要

* サークルの中にある松ぼっくりやどんぐりなどの丸い木の実を合図で取りあうゲーム。木の実を"いす取りゲーム"と同じように人数より少なく置き，取れなかった人はアウトになる。

- ● 人数・規模　10〜30人
- ● 場　　　所　野外（室内でも可）
- ● 所 要 時 間　15分
- ● 準 備 物　松ぼっくり・どんぐり（丸い木の実）

詳しいゲーム方法（または手順）

・直径4mぐらいの円を描き，その中心に松ぼっくりやどんぐりなど丸い木の実を参加者より1つ少なく置く。
・参加者はその円の外側を，音楽に合わせて同じ方向に歩く。
・笛が鳴り音楽が止まったら，円の中にある木の実を1つだけ取りに行く。
・だれか1人だけ取れなかった人が出る。その人はアウトになる。

🚫 留意点

＊笛が鳴るまでは，リズミカルに歩き，輪の中に入らないように指示する。
＊丸い木の実は転がりやすいので，それを追いかけるとたいへん楽しいゲームになるが，ぶつからないように気をつける。
＊木の実は1つずつ減らさずに，参加者の人数によっては2・3個ずつ減らしてもおもしろくなる。
＊条件（参加者の人数・木の実・安全確保）がそろえれば，参加者全員が目隠しをして，手探りで木の実を探すのもおもしろい。

私，こういうものです！

ゲームのねらい

*葉っぱの特徴を身ぶり手ぶりで伝え合いながら，参加者どうしの親睦を深める。
*木や植物などの葉の特徴を観察することをとおして，自然に親しむ。

ゲームの概要

*葉っぱの特徴をゼスチャーで伝え合い，同じ葉っぱを持っている人どうしのグループをつくる。

- ● 人数・規模　10〜50人
- ● 場　　　所　野外（室内でも可）
- ● 所 要 時 間　10分
- ● 準 備 物　数種類の葉っぱを入れた封筒（人数分）

詳しいゲーム方法（または手順）

- ・1人ずつに葉っぱの入った封筒を渡す。
- ・もらった封筒に入っている葉っぱを確かめ，葉っぱの特徴を覚える。覚えられたら封筒に戻しポケットなどにしまう。
- ・会話をせずに身ぶり手ぶりで葉っぱの特徴を伝えながら同じ葉っぱを持っている人を捜す。
- ・同じ葉っぱのグループができたら，葉っぱを見せ合い確かめる。

❗ 留意点

＊葉っぱの特徴を伝える前に，あいさつをしたり簡単な自己紹介をしてから行うことによって，より親睦を深めることができる。

＊葉っぱの特徴を身ぶり手ぶりではなく，言葉で伝え合ってもよい。

紙飛行機ゴルフ

ゲームのねらい
＊自作の紙飛行機でゲームをすすめるので，物を作る喜びと物を大切にする気持ちが得られる。

ゲームの概要
＊紙飛行機を自作し，フラフープの輪をゴールにして通過させ，ゴルフのようにホール（フラフープ）をまわる。

- ● 人数・規模　10～50人
- ● 場　　　所　野外
- ● 所要時間　60分
- ● 準　備　物　フラフープ9個，ひも，A4の紙，記録用紙

詳しいゲーム方法（または手順）

・あらかじめ9ホールのゴールになるフラフープを木の枝などにそれぞれつるしておく。
・参加者は自分で紙飛行機を作り，それを飛ばしてフラフープの輪を通過させる。
・9ホール終えたときに，紙飛行機を飛ばした回数が少ない人が勝ち。

❗ 留意点

＊コース設定は，できるだけ変化に富んだもので，長くしないのが楽しさの決め手。
＊フラフープは固定せずに，風に吹かれて向きが変化するほうが楽しい。
＊紙飛行機はプレー後ゴミにならないよう回収するが，ぬれたり破れたりしときのため，予備の2号機も作っておく。
＊まっすぐ飛ぶより，ふわふわ飛ぶほうが楽しい。
＊紙飛行機の代わりにフライングディスクで実施してもよい。

こことちゃうのん？

ゲームのねらい

＊ゲームを楽しみながら自然に親しむ。
＊写真を撮影した場所を探すことをとおして，観察力を高める。

ゲームの概要

＊写真を手がかりに，ある特定の場所を当てるゲーム。写真と同じ風景を探そうと思うと，まわりの景色をじっくり見るようになる。

- ● 人数・規模　10 ～ 50 人
- ● 場　　　所　野外
- ● 所 要 時 間　10 ～ 20 分
- ● 準 備 物　あらかじめ撮影した写真

詳しいゲーム方法（または手順）

・リーダーは，あらかじめ風景や，場所，自然物の写真を撮影しておく。
・参加者は，グループまたは個人で，写真の撮影された場所または撮影した物を見つける。

! 留意点

＊似たような景色はあってもまったく同じ景色は，1つしかない。ただ，1週間以上たつと草が伸びていたりして景色が変わってしまうこともあるので注意が必要である。

＊写真を撮影する際，特徴のある木や岩など，場所を特定する手がかりになるようなものが写真の一部に入るようにしておく。

＊難しくするには，夏に撮影した写真を使って，秋にゲームをするとよい。四季の移り変わりや植物の成長などを感じることもできる。

橋をかけよう

ゲームのねらい

＊全員が1つの目的（材料を集めて橋をかける）のために協力し，共通した喜びや達成感を味わう。

＊自然の中にある材料（木，葉，石など）を集めることで，自然に親しみをもつ。

ゲームの概要

＊グループの仲間と協力しながら，木の枝や葉っぱ，小石を使って橋をかけていくゲーム。ポイントになるのは材料選びであり，落ちているゴミも拾ってゲームを進めていけば，まわりもきれいになる，一石二鳥のゲーム。

- ● 人数・規模　10人以上
- ● 場　　　所　野外
- ● 所 要 時 間　15〜20分
- ● 準 備 物　その場にある木の枝，葉，小石など，メジャー（長さを測る）

詳しいゲーム方法（または手順）

- ・参加者をいくつかのグループに分ける。
- ・リーダーの位置を決め，足元を小石で囲って無人島をつくる。
- ・リーダーの位置からメジャーで同じ距離を測り，それぞれのグループの場所を決める。
- ・合図とともにスタート。各グループは周囲に落ちている木の枝や葉，小石などを，リーダーの島に向けてつないで並べていく。
- ・早く島に着いたグループの勝ちとする。

! 留意点

- ＊生えている木の枝を折ったり，葉をむしったりするのはもちろんダメ。
- ＊落ちているものでも，大きな木の枝などを無理に持ってくるのはダメ。
- ＊ゴミを集めて使ってもよいこととするが，あとでまとめてゴミ箱に捨てるか，持ち帰るようにする。

Ⅳ　野外・自然系

きつね探し

ゲームのねらい

＊フィールドで静かに周囲の音を聞くことにより，自然とのふれあいを深める。

ゲームの概要

＊隠れ場所の多いフィールドで，隠れているきつね役を探すかくれんぼゲーム。早く見つけるほど高得点。ゲーム中は無言でフィールドの音を聞こう。

- **人数・規模** 10～100人
- **場　　所** 野外
- **所要時間** 10～120分
- **準 備 物** ホイッスルまたはきつね役に時計

詳しいゲーム方法（または手順）

- 活動範囲を指定し，声を出さないルールを説明したあと，参加者の3割ほどがきつね役になって，見つかりにくい場所にかくれておく。
- 3分ほどたってから個人で探しに行く。見つけたら順番にきつねのうしろに座って並ぶ。時間がきたら並んだ順番のまま列になって戻り，早く見つけられた順にポイントを与える。
- これを3～4回行い，ポイント合計が多い人・グループが勝ち。

! 留意点

＊活動範囲はホイッスルが聞こえる範囲とし，確認のため30秒ごとに短い合図をし，時間がきたら長い合図で集まるとよい。

＊きつね役は相談して，にせきつね（化けダヌキ）を混ぜておくとおもしろい。にせきつねは何人かに見つけられたところで，「化け」を告白し，参加者は新たなきつねを探す。

＊グループ対抗としても可能。

森の中の数珠つなぎ

ゲームのねらい
* 自然を観察し、つながりを見つけることによって、自然に対する興味・関心を養う。
* グループ内のコミュニケーションを図る。

ゲームの概要
* 自然の中にあるものはさまざまな色や形、においなどの特徴がある。それらのものを観察して、共通した性質を見つけ出し、その共通点を結びつけていくことで、自然界の「つながり」を考える活動。

- ● **人数・規模** 4〜6人が1グループで数グループ
- ● **場　　　所** 野外
- ● **所要時間** 20〜30分
- ● **準 備 物** ビニール袋，マジックペン，画用紙

詳しいゲーム方法（または手順）

- ・森の中へ入って，つながりのあるものを見つける。たとえば「実」つながり，「色」つながり，「形」つながりなど，いろいろなつながりが考えられる。
- ・持ち帰ることのできるものはビニール袋に入れ，順番をつける。
- ・持ち帰れないものは，画用紙にスケッチする。
- ・できるだけ1度使ったつながりは，2度使わないように工夫する。
- ・時間を設定し活動を始め，時間がきたら集まってグループごとに発表する。

❗ 留意点

＊必ずグループごとに行動するように指示する。
＊発表のとき，全員が納得できるようなつながりを見つけるように指導する。また，どんなつながりかをほかのグループに当てさせてもよい。
＊自然に対するローインパクトの精神を説明し，必要最小限の採集を心がける。

みんなでつくろう「森の絵」

ゲームのねらい
*自然を観察し、その特徴を生かして「作品」を作りながら、自然に対する興味・関心を養う。
*グループ内のコミュニケーションを図る。

ゲームの概要
*自然の中にあるものを利用して、決められたテーマに基づいてキャンバス（地面または画用紙）に「作品」を作る。
*自然の中にあるさまざまなものを観察しながら自由な発想で「作品」を完成させていく活動。

- ◉ **人数・規模** 3〜5人が1グループで数グループ
- ◉ **場　　所** 野外
- ◉ **所要時間** 20〜30分
- ◉ **準 備 物** 作品名の書いたカード，ビニール袋，画用紙，のり，セロハンテープ

詳しいゲーム方法（または手順）

・各グループに作品名の書いたカードを抽選で配る。
・森の中へ入って，観察しながらいろいろな素材を見つける。木ぎれ，石ころ，葉っぱなど何でもよいので「作品」の素材と考えられるものを集める。
・持ち帰った材料を利用して，カードに書かれた「作品」に仕上げる。
・時間を設定し活動を始め，時間が来たら集まってグループごとに発表をする。

❗ 留意点

＊カードに書く作品名は，だれもが知っているものがよい。たとえば小学生なら「ドラえもん」のようなキャラクター，中学生なら「モナリザ」などが考えられる。
＊必ずグループごとに行動するように指示する。
＊自然に対するローインパクトの精神を説明し，必要最小限の採集を心がける。
＊発表会では，作品名をほかのグループに当ててもらってもおもしろい。工夫，苦労した点も発表内容に入れる。
＊各グループから審査員を出して，優秀な作品を選ぶ。

落ち葉は何グラム

ゲームのねらい
* グループで指定された重さの落ち葉を集めることでグループの和を図る。

ゲームの概要
* グループで協力して指定された重さの落ち葉を決められた時間内に集める。

- **人数・規模** 30〜40人
- **場　　　所** 野外：落ち葉のある場所
- **所要時間** 20分
- **準備物** バネばかり，袋（グループ数）

詳しいゲーム方法（または手順）

・重さを指定する。
・指定された重さの落ち葉をグループで集めて，袋に入れる。
・バネばかりで量る。
・誤差の多少で順位を決める。

留意点
＊1回の時間は3分程度。
＊落ち葉がなければ，落ちている小枝でもよい。
＊指定する重さを変えて，何回かゲームする。

Ⅳ 野外・自然系

絵地図で宝さがし

ゲームのねらい

* グループ内のコミュニケーションを図る。
* 自然の中にある素材を使って、表現力を高める。
* 地図をもとに、地形や植生などの特色をつかむ。

ゲームの概要

* 自然の中にある素材のみを使って、わかりやすい宝探しの地図を作り、地図には宝物のありかを示す。地図が完成したらほかのグループと地図を交換して、ほかのグループが隠した宝物をできるだけ早く探し当てるゲーム。

- ● **人数・規模**　5〜8人が1グループで数グループ
- ● **場　　　所**　野外
- ● **所 要 時 間**　60〜90分
- ● **準　備　物**　画用紙，セロハンテープ，のりまたはボンド，はさみ，カッターナイフなど

詳しいゲーム方法（または手順）

- ・各グループに準備物を渡す。
- ・各グループに活動範囲（エリア）を説明する。
- ・地図は，周辺で集めた自然物のみで作成する。
- ・地図には，方位や縮尺を明示すること。
- ・地図上には，隠した「宝物」の場所を示す。
- ・地図が完成したら，ほかのグループと地図を交換し，ほかのグループが隠した「宝物」をいち早く探し出す。
- ・全グループが「宝物」を探し出したあと，発表会をして，何を感じたかを話し合う。

❗ 留意点

- ＊生えている植物を抜いたり，折ったり，切ったりすることのないよう，自然に対するローインパクトの精神を十分理解させる。
- ＊準備物が用意できない場合は，平坦な場所に区画をつくり，地面上に地図を作成してもよい。
- ＊実施場所やグループの年齢・構成など，条件を検討して臨機応変に対応する。

暗夜行路

ゲームのねらい

* 目隠しをすることによって、いかに「視覚」がなくては自然の中では不安になるかを体験する。
* また、「視覚」以外の五感をよりはたらかせる訓練を行う。
* グループ内のコミュニケーションを図る。

ゲームの概要

* 自然の中にある立木や人工のポールなどを利用してロープまたは麻ひもなどをアトランダムに張りめぐらせ、そのロープだけを手がかりに目隠しをした状態で進んでいく。視覚がはたらかない状況の中でいかに課題を克服するかという活動。

- **人数・規模**　5～8人が1グループで数グループ
- **場　　　所**　野外：立木が多い場所
- **所 要 時 間**　20～30分
- **準　備　物**　ロープまたは麻ひも（50m程度），バンダナやタオルなど目隠しできるもの

詳しいゲーム方法（または手順）

・参加者はバンダナなどで目隠しをする。
・目隠しをした状態で縦一列になり，前の人の肩に手をのせる。
・リーダーは先頭の人の手を取ってひもの張ってあるスタート地点まで誘導する。
・グループごとにスタート地点からひもだけをたよりに出発する。
・ゴールしたグループは，再びリーダーが先頭の人の手を取って少し離れたところまで誘導する。

❗ 留意点

＊目隠しをした状態で行うゲームなので，足場には十分配慮をして安全第一でロープを張る。
＊前の人の肩を離さないよう，また先頭の人はうしろの人のことを考えてスピードをコントロールする。
＊声を出すか，出さないかは，グループの年齢構成によって考える。サイレントコースを数十m設定してもよい。
＊昼と同じところで夜も行って比較をしてもよい。

なんの音？

ゲームのねらい

* 夜の自然の中で，自然の中にある音と人工的な音を聞き分ける体験をとおして，自然に対する感性を高める。
* 夜の世界に対する恐怖心をなくすとともに，夜の静けさを体感する。
* グループ内のコミュニケーションを図る。

ゲームの概要

* 夜の森の中に隠れて人工的な何らかの音を出す。その音の発生している場所をつきとめて隠れている人からカードをもらう。人工音の発生しているすべての場所を発見できたらゴールに戻るという，夜の自然の世界を体験する活動。

- **人数・規模**　2〜4人が1グループで数グループ
- **場　　　所**　野外：立木が多い場所
- **所要時間**　20〜30分
- **準　備　物**　音の出るもの数種類（鐘，ラッパ，拍子木など），音のカード（音の種類×グループ数）

詳しいゲーム方法（または手順）

・スタッフは音の出るものを持って森の中に隠れ，ときどき音をならす。
・グループごとにスタートして，音を聞き分け発生場所を探す。
・音の発生場所を探し当てたら，隠れていたスタッフからカードをもらう。
・すべての音の発生場所が発見できたらゴールする。

留意点

＊夜に行うゲームなので安全第一でエリアを考える。参加している年齢構成で難しいコースにしてもよい。
＊スタートしてからゴールするまでの時間を競うので，ほかのグループに音の発生場所を知られないようスタート前に配慮する。
＊声を出すか，出さずに行うかは，グループの年齢構成によって考える。
＊グループごとで話し合ったあと，発表会をして分かち合いをする。

IV　野外・自然系

自然の中で15ゲーム

ゲームのねらい
* 協力することでグループ内の結束を高める。
* 思考力を高め,工夫する能力を養う。

ゲームの概要
* 一人ひとりがパズルのこまとなって,4×4のマス目をルールに従って移動して,あらかじめマス目に置いてあった自然物と自分のカードとを全員が一致させるゲーム。

- **人数・規模** 8または15人が1グループで数グループ
- **場　　所** 野外
- **所要時間** 20～30分
- **準　備　物** 自然物8または15種類（木の葉，実，石など），首から下げるカード，マジックペン

詳しいゲーム方法（または手順）

・地面に4×4，人数によっては3×3のマスを描く。
・地面に描いたマスにあらかじめ用意した自然物を1つずつ置く。そのとき，4×4マスならスタートのマスから対角線にある端のマス，3×3マスなら真ん中のマスは何も置かずに空けておく。
・地面に置いた自然物と同じものが書かれているカードを一人ひとりに配り，初めはカードと違う自然物があるマスに入る。

<ルール>
- マスの中にいる全員が自分のカードと地面に置いてある自然物が一致したときが，完成となる。
- 移動は「たて」「よこ」だけで「ななめ」はだめ。
- 1つのマスに2人以上入ることはできない。
- マスの外に出たり，ほかの人と入れ替わることはできない。
- マスを飛び越えることはできない。
- 空いてるマスをうまく利用して移動していく。

❗ 留意点

＊全員がルールを理解していないとスムーズにいかないので，しっかりとルールを説明し確認をしてから始める。

かくれんぼしましょ！
（カムフラージュ・ゲーム）

ゲームのねらい

＊ゲームを楽しみながら自然に親しむ。
＊自然の中の人工物を探すことをとおして、観察力を高める。

ゲームの概要

＊自然の中に存在しないようなものや人工物を置いておき、いくつ見つけられたかを競う。まちがい探しのようにこのゲームを進めながら、自然を注意深く見つめるようにさせる。

- **人数・規模** 30～40人
- **場　　　所** 野外
- **所要時間** 15分
- **準 備 物** 人工物（ぬいぐるみ，おもちゃの野菜，動物など），スコアカード

詳しいゲーム方法（または手順）

・フィールド（コース）に人工物を設置する。
・参加者は，グループまたは個人で，隠れている人工物を見つけ，スコアカードに記入する。

⚠ 留意点

＊人工物は，ごく自然にあるように潜ませておく（草の陰にウルトラマンなどの指人形，地面にタコ，リンゴやパイナップルなどの模造品が木にぶら下げてある…など）。
＊ゲームのあと，自然の中で身を隠している生き物などについてふり返ることで，生き物がきびしい自然の中で生きていくための知恵について考える機会をもつ。
＊参加者は，人工物を見つけてもほかの人に教えたり，表情を変えたりしてはいけない。

この色，あつまれ！

ゲームのねらい
* 自然界に存在する色の不思議に気づく力を養う。
* 選んだそれぞれの自然物の特徴に気づく。

ゲームの概要
* 指定された色（人工色）に限りなく近い自然物を探してくるゲーム。

- ● **人数・規模** 何人でも可（グループ対抗でも可）
- ● **場　　　所** 野外
- ● **所 要 時 間** 状況に応じて設定可能
- ● **準 備 物** 色紙を数種類

詳しいゲーム方法（または手順）

- ・リーダーは，各参加者（グループ）に用意した色紙を提示する。赤色・緑色・黄色などといった一般的なものがよい。
- ・リーダーが提示した色と同じ色をしている自然物を探して持ち寄る。
- ・持ち寄ってきた自然物を並べて，各グループで交流する。
- ・見つけてきたものがいかに指定された色に近いかをアピールする。
- ・なぜ，そのものを選んできたかの理由を説明する。
- ・ほかのグループが見つけてきたものと比べたりする。

❗ 留意点

＊リーダーのまとめの話が大切。「葉の色＝緑」という単純なものは自然界には存在しておらず，微妙に違いがある。自然とは，人間の力を遙かに越えた存在であることに気づかせる。

＊自然物を傷つけないように配慮させる。葉や花をちぎったりしないで，できた落下物を集めさせる。どうしても持ってこられないものは，その場に行って紹介させる。

落下ポイント

ゲームのねらい

＊自然からの贈り物に目を向ける。
＊選んだそれぞれの自然物に対しての特徴に気づく。

ゲームの概要

＊ひらひらと落ち葉が木から落ちる。だれもが見たことがある光景。その行方をゲーム感覚で楽しむ。ポイントをねらって，「いざ，落下！」。どこに落ちるのだろう？

- **人数・規模** 何人でも可（グループ対抗でも可）
- **場　　　所** 野外
- **所 要 時 間** 状況に応じて設定可能
- **準 備 物** なし

詳しいゲーム方法（または手順）

・切り株などの的となるものを決める。近くに切り株がなければ，紙などに描いてもよい。
・参加者は周辺から挑戦しようと思う葉っぱや野鳥の羽などを探してくる。
・探してきたものを頭の高さから落として，どれだけ中心点（的）に落下させられるかを競う。
・個人戦やグループ対抗戦として競争する。

⚠ 留意点

＊自然物を傷つけないように配慮させる。葉や花をちぎったりしないで，できる限り落ち葉や野鳥の羽などを用意していく。
＊葉っぱなどが落下していく様子に注目することで，自然物についての興味関心を高めていく。
＊個人戦でもグループ戦でも可能なので，参加者の人数や年齢などの状況に応じて進め方を工夫していく。

V
昔なつかし系ゲーム

昔ながらのゲームをアレンジして，老若男女を問わず楽しむことを目的としたゲームである。

尺取虫

ゲームのねらい

＊グループ内で知恵を出しあい，協力して問題を克服する。
＊個々の体力，運動能力などすべての力を集約し協力することにより，共通の喜びや達成感を味わう。

ゲームの概要

＊ロープを使用しグループ内で相談し，いかに早く全員がロープの橋を渡り終えるかのタイム，対抗戦競技。

- ● **人数・規模**　1〜6人が1グループで何グループでも可
- ● **場　　　所**　野外
- ● **所 要 時 間**　15分
- ● **準 備 物**　グループ数のロープ（長さ10m太さ10mm程度）

詳しいゲーム方法（または手順）

・ロープを浮き橋とみなしゲームを行う。足をロープからはずしてしまったらスタート位置に戻る。
・全員が先端まで来ると，ロープのうしろ端を持って，進行方向に持っていき，スイッチバックの要領で前進する。
・くり返しロープを尺取虫のように進行させ，ゴールの位置まで競争する。タイム，対抗戦どちらでもよい。

! 留意点

＊リーダーは，グループのメンバーの体力に配慮する。
＊グループ内で，工夫意見をどのように取り入れたか，評価しあう。

ロープひき

ゲームのねらい
＊ロープを使って相手の心理を読む。

ゲームの概要
＊2, 3人でロープの引っ張りあいをし, 足を移動したりロープを放したり, 転んだりすれば負けになるゲーム。

- **人数・規模** 2〜3人が1グループで何グループでも可
- **場　　　所** 野外（室内でも可）
- **所 要 時 間** 10分
- **準 備 物** グループ数のロープ（長さ6m 太さ10mm程度）

詳しいゲーム方法（または手順）

・親をジャンケンで決める。
・親は輪の数の指定ができる。
・ロープの両端を持って，ロープを地面に這わせる。
・指定数の輪ができれば，ロープを引っ張る。
・ロープの引っ張りあいをし，足を移動させたり，ロープを放したり，転んだりすれば負けになる。

❗ 留意点
＊ロープを結合してY字型にすれば，3人でゲームができる。

島めぐり

ゲームのねらい

* 思考力を高め，工夫する能力を高める。
* 自他に対する注意力と，慎重な態度を養う。

ゲームの概要

* 地面に描いた4つの島と通路を，走者がすばやく移動してすべての島を渡りきるゲーム。途中さまざまな妨害にあうので，その妨害をいかに避けながら次の島に渡るかが，走者の腕の見せどころ。

- ◉ **人数・規模** 5～10人
- ◉ **場　　　所** 野外
- ◉ **所 要 時 間** 5～10分
- ◉ **準 備 物** 時計，笛

詳しいゲーム方法（または手順）

・地面に4つの島と通路を描く（通路の長さ：10 m，幅：0.7 m，島の直径：1.5 m）。
・参加者を走者と妨害者の2つのグループに分ける。
・走者はその通路をすばやく移動してすべての島を渡りきる。その際，妨害者にタッチされると立場が変わる。
・走者はタッチされずにもとの島に戻れば勝ちとなる。

❗ 留意点

＊島の中にいる走者には，タッチできないものとする。
＊妨害者はタッチするとき，強く押したり，危険な行為はしない。同様に，走者はタッチされるときに妨害者に危険な行為はしない。
＊妨害者は，通路の内側のみ自由に移動できるものとする。通路をまたいだり，入ったり，枠内から出てはいけない。
＊走者はタッチされるときに，通路から外にはみ出さない。はみ出した場合は，アウトとなり妨害者となる。
＊リーダーは，危険な行為が起こらないように監視をする。

はじめの一歩

ゲームのねらい

＊野外でみんなで活動することのよさやおもしろさを味わう。
＊瞬発力と観察力を養う。

ゲームの概要

＊オニ1人が木や壁のほうを向いて伏せ「だるまさんがころんだ」と言う間に，ほかのメンバーがだんだんオニに近づいてくる。動いているところをオニに見られたら失格で，見られずにオニまで近づいたらオニの負けというゲーム。

- **人数・規模** 5〜15人
- **場　　　所** 野外（室内でも可）
- **所 要 時 間** 5分
- **準　備　物** なし

詳しいゲーム方法（または手順）

・オニが，ほかの人たちを背にして立ち，壁や木に伏せ手で目隠しをする。
・ほかの人は，オニから10mくらい離れ，「はじめの一歩」と言いながらオニの方向へ一歩踏み出す。
・そのあとオニが，「だるまさんがころんだ」と言ってすばやくふり向く。ほかの参加者はオニが目隠しをしているうちに少しずつ近づき，オニがふり向いたらその場で（動作の途中でも）ぴたりと止まる。
・体の動きをオニに見られたら，その人はアウトで，オニと手をつなぎ，列になる。
・「だるまさんがころんだ」をくり返し，全員が捕まるとオニの勝ちで，最初に捕まった人が次のオニになる。だれかがオニの体にタッチするとオニの負け。
・同じオニで最初からやり直したり，捕まった参加者どうしでジャンケンをして次のオニを決めたりする。

！ 留意点
＊オニの作戦としては「だるまさん〜」を言うスピードをいろいろ変化させて，ほかの参加者が立ち止まるタイミングを狂わせる工夫をするとおもしろくなる。

バランス崩し

ゲームのねらい
＊自分の体勢を維持し，相手を倒すというかけひきをとおして，交流し仲良くなる。

ゲームの概要
＊手を引っ張りあって，バランスを崩し，足が動いたら負けのゲーム。

- **人数・規模**　6〜8人が1グループで数グループ
- **場　　　所**　野外（室内でも可）
- **所 要 時 間**　10分
- **準 備 物**　なし

詳しいゲーム方法（または手順）

- 6人〜8人が円になり，両隣の人と手をつなぐ。
- すぐに倒れてしまわないように足を大きく開き，重心を低くし安定した体勢をつくる。
- リーダーの合図でいっせいに自分の手を引いたり，緩めたりして，相手のバランスを崩しつつ，自分は倒れないようにバランスを取る。
- バランスを崩した人は円の外へ出て応援にまわる。
- 最後2人になるまでくり返す。

留意点

* 手だけを使って行うので，足を使ったり，体で押したりしてはいけない。
* 「もとの位置から足が動いたらアウト」「膝をついたらアウト」などのルールはリーダーが決める。
* 変な顔をしたり，クネクネしたり，笑わすと有利。

メディシングリレー

ゲームのねらい
＊だれもができる簡単な運動能力を養う。
＊チームワークを育てる。

ゲームの概要
＊チームが一列になってドッジボールを上から回したり，股の下から転がしたりして，チームが1周するゲーム。

- **人数・規模** 6〜8人が1グループで2グループ以上
- **場　　　所** 野外(室内でも可)
- **所 要 時 間** 15〜20分
- **準　備　物** ドッジボール，三角コーンを1グループ1個ずつ

詳しいゲーム方法（または手順）

・グループは縦一列になる。手は，バンザイの格好で脚は開いた姿勢になる。
・スタートの合図で先頭の人が上からドッジボールをうしろの人に送っていく。手をバンザイの格好にしてボールをうしろに次々回す。
・一番うしろの人は，送られてきたボールを開いた脚の間に転がし，先頭に送る。
・先頭の人は，脚に転がってきたボールを持って，前10mくらい先に置いてあるコーンを回って次の先頭にボールを渡す。走った人は，一番うしろに並ぶ。
・もらったボールは，上から回す。一番うしろの人は下から転がす。先頭は，ボールを持って走るというくり返し。
・全員が走り終わって，最後の走者が先頭にきた時点で終了。一番早いチームの勝ちとなる。

❗ 留意点

＊簡単にするなら上から回すだけでもよい。
＊前からボールをくぐらせて，うしろからボールを上に送る逆パターンもできる。

くまが出た

ゲームのねらい

＊チームワークを育てる。共通した言葉を伝達し，俊敏さと正確さを知る。

ゲームの概要

＊「くまが出た」「えっ」という言葉をくり返し，チームに回していく。ただし，逆流したりするために常に緊張が続く。

- **人数・規模** 6～8人が1グループで2グループ以上
- **場　　　所** 野外（室内でも可）
- **所要時間** 5～10分
- **準　備　物** なし

詳しいゲーム方法（または手順）

- グループが一列（縦でも横でもよい）になる。
- 先頭の人が「くまが出た」と叫び，2番目の人に言う。
- 2番目の人は「えっ」と叫び，1番目の人に言う。
- 1番目の人は再度「くまが出た」と叫び，2番目の人に言う。2番目の人は「くまが出た」と叫び，3番目の人に言う。
- 3番目は「えっ」と言い，2番目に言う。2番目は「えっ」と言い，1番目に伝える。1番目は「くまが出た」と2番目に伝え，2番目は「くまが出た」と3番目に伝え，3番目が「くまが出た」と4番目に伝える。これをくり返す。
- 最後まで回れば終了。終了して早く全員が座ったグループの勝ちとなる。

! 留意点

＊「くまが出た」を1回目に聞いたら，次に回さず「えっ」と，もとの人に逆流して返す。

＊「えっ」は必ず逆流。「くまが出た」は次の人に順流させる。

ナンバーコール

ゲームのねらい
＊楽しさや一体感を味わう。

ゲームの概要
＊4拍子のリズムに合わせて，番号を呼び合い，自分の番号が呼ばれたら，遅れることなく反応する。

- **人数・規模** 6〜30人
- **場　　　所** 野外（室内でも可）
- **所要時間** 5分
- **準備物** なし

詳しいゲーム方法（または手順）

- 一重の円をつくり，1人ずつ番号をつけていく。
- 4拍子の動作を全員が覚える。
  両手で両膝を1回たたく→拍手を1回→右手でスナップを1回→左手でスナップを1回。
- 全員でこの4拍子を行えるよう軽く練習する。
- 3拍子目に自分の番号を言い，4拍子目にほかの人の番号を言う。番号を言われた人は同じように，3拍子目に自分の番号を言い，4拍子目にほかの人の番号を言う。
- 以上のように続けていき，うまく言えなかった人は失格となり，一番大きな数の位置に移動する。抜けた数は1つずつつめて順位を上げる。

⚠ 留意点

* はじめに指定した番号が1番から何番までかを全員が確実に覚えておくようにする。
* 番号を指定するとき，空き番号のないように順々につけていく。また，コール返しはしない。
* 慣れてきたら，リズムを速くしていく。
* 番号以外に呼びかたを工夫して変えると盛り上がる。

どん！　ジャンケンポン！

ゲームのねらい
＊仲間と楽しく関わりあいをもつ。

ゲームの概要
＊相手側の陣地と自分側の陣地を結ぶ線の上で，出会った相手とジャンケンをして勝ったほうが先に進み，負ければその場から離れる。
＊相手側陣地に入ったほうが勝ち。

- **人数・規模** 10〜30人
- **場　　所** 野外（室内でも可）
- **所 要 時 間** 5分
- **準 備 物** なし

詳しいゲーム方法（または手順）

・両チームの陣地を決め，陣地の間に8mくらいの曲線の道をかく。
・参加者は，それぞれの陣地に順番に並び，合図とともに先頭の人が道を相手側陣地に向かって走る。
・先頭の2人は出会ったところでお互いの両手を合わせて「どん！」と言い，ジャンケンをする（かけ声は「どん！ジャンケンポン」）。負けた人は道から離れて，もとの列の最後尾に並ぶ。勝った人はそのまま相手陣地に向けて走る。
・負けた瞬間，負けチームは次の人を走らせる。
・相手陣地（手前1mからを陣地とみなす）に入ったチームの勝ち。

! 留意点

＊次に走り出す人は，フライングをしない。
＊道はロープにしても可。丸太を固定して作っても可。その場合，丸太から落ちたら次の人がスタートする。

イスとりゲーム

ゲームのねらい
＊仲間と競いあう喜びや集団としての一体感を味わう。

ゲームの概要
＊幼稚園や小学校のとき，だれもがやったことのある定番のゲーム。円状に並べたイスのまわりを回り，音楽が止まると同時に，おしりでイスを奪いあう。

- ● 人数・規模　10 〜 40 人
- ● 場　　　所　室内（野外でも可）
- ● 所要時間　10 〜 20 分
- ● 準 備 物　危険のないイス（スツール）・丸太など（人数分 − 1 個）

詳しいゲーム方法（または手順）

- ・イスを円状に配置し，（イスの数は参加者の数より少なくする）そのまわりに参加者がとり囲むように一重円をつくる。
- ・音楽とともに参加者はイスのまわりを元気に歩く。
- ・音楽が止まるとすぐにイスに座る。
- ・座れなかった人はアウトとなり円外で応援する。
- ・少しずつイスの数を減らし，一番最後までイスに座れた人の勝ちとする。

❗ 留意点

- ＊イスが倒れても，けがのないよう障害物などを取り除いておく。
- ＊同じイスに 2 人が座ってしまった場合，どっちがアウトになるのか，事前にルールをしっかり決めておく（ジャンケンで決める，座っている部分の面積で決めるなど）。
- ＊イスのまわりを歩くときに，「モモをあげて」「軽くスキップで」「横歩きで」などバリエーションを工夫すると盛り上がる。

後はよろしく！

ゲームのねらい
*信頼・協力する気持ちを高める。
*コミュニケーションの大切さを知る。

ゲームの概要
*リーダー以外のグループ全員が目隠しをし，リーダーの肩たたきの合図のみでゴールをめざす。一番早くゴールにたどり着いたグループの勝ち。

- **人数・規模** 2～5人が1グループで数グループ
- **場　　　所** 野外（室内でも可）
- **所要時間** 15分
- **準　備　物** スタート・ゴールラインにするロープ，目隠し用タオル

詳しいゲーム方法（または手順）

・グループの中からリーダーを1人決める。
・グループのメンバーは一列に並び，スタートラインに立つ。このとき，リーダーはグループの一番うしろに立つ。
・リーダー以外のメンバーは，目隠しをして前の人の肩に両手を置く。
・「右肩をたたく：右へ」「左肩をたたく：左へ」「肩をもむ：進め」「両肩をたたく：止まれ」の指示をリーダーから先頭の人へ順々に伝えながら，リーダーの指示に従ってゴールをめざす。

❗ 留意点

＊リーダーは，危険がある場合のみ，声を出してもよいことを伝えておく。
＊グループごとに合図を決める時間を設定すれば，よりいっそうコミュニケーションを図ることができる。
＊難しい場合は，グループの人数を減らす。またはリーダーが「右」「左」など声で指示を出すようにしてもよい。

こいつぁ，おみそれしやした！

ゲームのねらい
＊緊張感をほぐしながら，多くの人と楽しく関わりをもつ。
＊グループや友だちの親密度を高める。

ゲームの概要
＊2人組になってジャンケンをして，負けるたびに，ひざまずいていく。4回負けたら（勝ったら），おきまりのセリフを言って立ち上がり，また別の2人組になってジャンケンする。

- ◉ **人数・規模** 10 〜 100 人
- ◉ **場　　　所** 野外（室内でも可）
- ◉ **所 要 時 間** 5分
- ◉ **準 備 物** なし

詳しいゲーム方法（または手順）

- 2人組になって，ジャンケンをする。
- 負けたら，片ひざを床につける。
- 続けてその2人組でジャンケンをして，順に負けるたびに，両ひざ，その次は，片手，最後は両手を床につける。
- 先に4回負けた人は，「こいっぁ，おみそれしやした」と言って，片手を頭のうしろにあてながら立ち上がる。勝った人も，立ち上がる。
- 2人が「どうも，どうも」と言って，握手をして別れ，新しい相手を見つけてジャンケンをする。

❗ 留意点

＊毎回，違う相手とジャンケンをするようにする。
＊話しかける言葉は，様子に合わせて，変えてもおもしろい。

　　＜例＞　負けた人「なんてこったあ！」
　　　　　　勝った人「ドンマイ！　ドンマイ！」

しっぽとり

ゲームのねらい

*集団でしっぽを奪いあうことを通して,取ったり,取られたりするおもしろさを味わう。
*グループで競い合うことにより,グループでの連帯感を養う。

ゲームの概要

*ロープを服のうしろにつけ,「しっぽ」に見立て,取ったり取られたりして,追いかけ合うゲーム。グループごとに大将を決め,対抗戦をするなど,ルールはさまざまに工夫できる。

- **人数・規模** 10人以上
- **場　　　所** 野外（室内でも可）
- **所要時間** 5～15分
- **準　備　物** 同じ長さのロープ，タオル（人数分）

詳しいゲーム方法（または手順）

・人数が均等になるようにグループ分けをする。
・参加者はロープを服のうしろにはさみ，しっぽのようにする。
・「よーい始め！」の合図でいっせいに相手グループのロープを奪う。
・ロープを奪われた人はアウトとなり，はしに座る。
・「やめ！」の合図でやめる。
・より多い人数が残っているチームを勝ちとする。

留意点

＊用意するロープは，長すぎると自分で踏んでしまい，短かすぎると，相手が取りにくいので，年齢等を考え，長さを十分留意する。
＊ロープを手で持ったりしないよう徹底する。
＊チームに大将を1人決め，大将が取られると負けというルールでも可。
＊グループをいくつかつくって色分けしてもおもしろい。
＊しっぽをほとんど服に入れてしまう人がいるので，「はさむ部分は10cm」などと統一する。

押し出しオニ

ゲームのねらい

*走って逃げることが苦手な人でも，状況がめまぐるしく変わる中で楽しみながら，オニごっこができる。

ゲームの概要

*2人組がたくさん立っているエリアの中を1人のオニが1～5人の逃げ役を追いかける。逃げ役が2人組の横に立つと，今度はペアの1人が押し出された形で逃げ役になる。逃げ役はオニに捕まればオニとなる。

- **人数・規模** 10人以上
- **場　　　所** 野外（室内でも可）
- **所要時間** 10〜20分
- **準　備　物** なし

詳しいゲーム方法（または手順）

- 活動エリアを決めて，全員活動する。
- オニ1人と逃げ役（1〜5人）を，残りが偶数になるように決める。
- 残りの人は，2人組になってエリア内にまばらに立つ。
- 逃げ役が2人組の横に立つと，逃げ役と接している人が新しい2人組になり，反対側の人が今度は押し出された形で逃げなければならない。
- 逃げ役は，自由にいつでも2人組の横に立つことができるが，押し出された直後に同じ場所に戻ることはできない。
- あとはオニごっこと同じルールで楽しむ。

留意点

＊集団の様子に応じて，逃げ役の人数や2人組の立つ間隔などを調整して，十分に活動できる（運動を楽しむ）環境をつくる。

社長さんの命令

ゲームのねらい
＊指示に従い，注意力を身につける。
＊反射神経を養い，判断力を培う。

ゲームの概要
＊リーダーの言葉をしっかり聞いて，「社長さんの命令」という指示どおりにきちんと動ければセーフ。指示どおりの動作ができなかったらアウト。ワンマン社長の言うことだけを聞いていればOKである。

- **人数・規模** 8～10人
- **場　　　所** 野外（室内でも可）
- **所 要 時 間** 10～20分
- **準 備 物** なし

詳しいゲーム方法（または手順）

・リーダーが「社長さんの命令」と言ったときだけ，社長さんの指示に従うことを参加者に伝える。

・「社長さんの命令」と言っていないときに，命令を聞いた人は負け。

> ＜話し方の例＞
> 「社長さんの命令。手をたたいてください」
> 「社長さんの命令。もっとたたいてください」
> 「やめてください」
> 「今やめた人は，アウトです。社長さんの命令と言っていないときは指示を聞いてはいけません」

・参加者は最初全員立っておき，アウトになったら座っていき，最後まで残った人が勝ち。

! 留意点

＊海の近くであれば「船長」，山であれば「村長」など，場所に応じて名称を変更するとおもしろい。

＊最後に「リーダーや係の人の言うことをよく聞いて，楽しいキャンプにしましょう」などの一言を付け加えることによって指示を聞く姿勢を促す。

＊「社長」を抜いて，「命令」だけで指示すると高度となる。

＊できれば「所長」「部長」も混ぜてひっかけてもよい。

ゴーゴンをたおせ

ゲームのねらい
＊仲間と楽しくゲームをする。

ゲームの概要
＊ゴーゴン（オニ）にタッチされると石になる。ゴーゴンのしっぽを足でふんで取ってしまうと勝ち。全員が石になればゴーゴンの勝ち。

- ● **人数・規模**　15人程度
- ● **場　　　所**　野外（室内でも可）
- ● **所 要 時 間**　3分
- ● **準 備 物**　ロープ（ゴーゴンのしっぽ用）1本

詳しいゲーム方法（または手順）

- ゴーゴンはロープをひきずるように，長さを調節して腰に結ぶ（ベルトに通すのがよい）。
- ゴーゴン以外の人は，タッチされないように注意しながらしっぽ（ロープ）を踏んで取る。
- タッチされた人はタッチされたときの姿勢のままその場でじっとする（石になる）。石になる代わりに，ゴーゴンが指示をした動物になってもおもしろい。
- 全員が石になるか，ゴーゴンがしっぽを取られたら終了。

留意点

* ぶつかったりしてけがをしないように十分注意する。
* 1人石にするたびに，ゴーゴンは「ゴーゴン！」と雄叫びをあげる。
* 人数が多いときはゴーゴン役を複数にしても可。
* ゴーゴンは張り切り者にしてもらうと楽しい。
* 「しっぽとり」（p.194参照）との違いは，石になることとゴーゴン1人をねらうこと。「しっぽとり」とセットにしても楽しい。

ハンカチ落とし

ゲームのねらい
＊グループの連帯感や一体感を高める。

ゲームの概要
＊円状になり内側を向いて座っている外まわりをオニが走り、気づかれないようにハンカチを落とす。落とされた人は早く気づき、円の外側をオニを追いかけて走るゲーム。

- **人数・規模** 15〜35人
- **場　　　所** 室内（野外でも可）
- **所 要 時 間** 5〜10分
- **準 備 物** ハンカチ1枚

詳しいゲーム方法（または手順）

・オニを1人決めて，ほかの人は円の内側を向いて座る。
・オニはハンカチを持って，座っている人の外まわりを走り，気づかれないように座っている人のうしろにハンカチを落とす。
・座っている人は，うしろを見ずに手探りでハンカチが落ちていないか確かめる。
・ハンカチを落とされた人は，ハンカチを取ってオニを追いかけていく。オニは1周してきて，ハンカチを落とされた人の座っていたところに座る。
・もし，ハンカチを落とされた人が，自分のうしろにハンカチを落とされたことに気づかずに，1周してきたオニにタッチされたらアウト。
・アウトになった人は，オニとなり入れ替わる。

❗ 留意点

＊オニにタッチされた人が真ん中に座ることもある。真ん中に座った人は，次のアウトが出ればオニとなる。
＊まぎらわしいハンカチの落とし方をしないようにする。
＊座っている人は両手をひざの上に置くのが基本。オニがうしろを通過したときだけ手でハンカチを探れる。

羊と柵

ゲームのねらい
＊リーダーの指示とみんなの協力で羊を柵から脱出させないようにする，チームの協力・協調性をめざすゲーム。

ゲームの概要
＊柵のチーム全員で両手をつなぎ，一重円の柵をつくる。相手チームの羊が柵の外へ逃げるのを阻止するゲーム。

- ● **人数・規模** 20人が1グループで2グループ以上
- ● **場　　　所** 野外（室内でも可）
- ● **所 要 時 間** 3分
- ● **準 備 物** なし

詳しいゲーム方法（または手順）

- ・同じ人数のチームを2つつくる。
- ・適当な大きさの円を描き，一方のチーム（柵）は円の外側で両手をつないで円形になり中心を向く。
- ・相手チーム（羊）は柵チームのつないだ手の下をくぐったり，手の上を乗り越えたりして輪の中から外へ脱出する。
- ・3分たったら，攻守交代。羊と柵が入れ替わる。柵から脱出した羊の多いチームが勝ち。

留意点

＊柵は円より内側に入らないこと。
＊柵は動いてもつないだ手を上げ下げしてもよいが，羊を蹴ったり，つかんだりしてはいけない。
＊ゲームが荒々しくならないように指導に配慮が必要。
＊羊チームは「メー，メー」と鳴きながら脱出する。

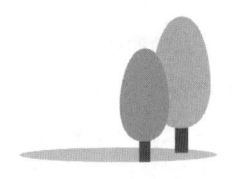

番号かご

ゲームのねらい

*となりの人が入れ替わることによって交流を図れる。

ゲームの概要

*正方形に並び、番号を呼ばれた人が場所を移動する。オニは空いた場所に入る。入れなかった人がオニになる。それをくり返していく。

- **人数・規模** 20〜30人
- **場　　　所** 野外（室内でも可）
- **所 要 時 間** 20分
- **準 備 物** なし

詳しいゲーム方法（または手順）

- 4等分された参加者は，それぞれ正方形の一辺となり中央を向いて立つ。
- 各列で番号をつける。その後，自分の列でなるべく番号順にならないように並び替える。そして，自分の立っている場所に小さな円をかく。
- オニは正方形の中央に立ち，参加者の番号を1つ言う。
- 番号を言われた各列の参加者は，自分の場所を出て，ほかの空いた場所へ移動する。オニは空いた場所に移動する。入れなかった参加者が次のオニになり，ゲームを続ける。
- オニの番号は0番で，入ることができた場合は自分の言った番号になる。

！ 留意点

*同時に入った場合やはっきりしないときは，ジャンケンをして決める。

ジャンケン列車

ゲームのねらい

*だれが最後まで先頭に立てるのかわくわくしながら列車をつなげていくことで、楽しさや一体感、親しみを味わう。

ゲームの概要

*適当に散らばった状態で、近くの人と2人組になりジャンケンをして、勝った人のうしろに負けた人がつながる。同じことをくり返していき、最後まで先頭に残った人が勝者となるゲーム。

- ◉ **人数・規模** 20～100人
- ◉ **場　　　所** 野外（室内でも可）
- ◉ **所 要 時 間** 10分
- ◉ **準 備 物** なし

詳しいゲーム方法（または手順）

・近くの人と2人組になってジャンケンをする。
・負けた人は，勝った人の肩（背中側）に両手を添え連結する。
・同じように，先頭の人がどんどんジャンケンをしていく。
・最後に列の先頭になっている人が勝ちとする。

！ 留意点

＊「貨物列車シュシュシュ」や「ゴーゴーゴーゴージャンケン列車」などのBGMを流すと雰囲気が出る。
＊合図でいっせいにジャンケンができる雰囲気をつくる（たとえば，音楽を止めるとか笛で合図したりする）。
＊近くにいる人と必ずジャンケンする。逃げたり拒否してはいけないことを事前に伝えておく。
＊一重円になるゲームの前にするとプログラムの流れがよい。
＊ジャンケンの前には必ず握手をして自己紹介する。

参考文献

- **IORE SHEET** 2001 （財）日本教育科学研究所 （財）日本教育科学研究所
- **アウトドアライフの実践結び学** 1989 大海 淳 徳間書店
- **おもしろゲーム** 1999 ビートきよし 有紀書房
- **学校で役立つネイチャーゲーム20選** 1997 （社）ネイチャーゲーム協会 明治図書
- **クラスがまとまる仲良しゲーム** 2002 高嶋和男 学陽書房
- **グリーンアドベンチャー** 1993 森田勇造 （社）青少年交友協会野外文化研究所
- **5分間でできる集会遊びベスト80** 2002 家本芳郎 たんぽぽ出版
- **ジャンケンゲーム** 1990 水野豊二 遊戯社
- **図解たのしいレクリエーションゲーム** 1992 東京都レクリエーション連盟 成美堂出版
- **どこでも盛りあがるグループゲーム100選** 2002 丸山博通 学事出版
- **ネイチャーゲーム1．2．3** 1991 ジョセフ・B・コーネル 柏書房
- **野外あそび事典** 1994 藤本浩之輔 くもん出版
- **野外ゲーム・合唱・ダンス** 1990 後藤敏夫 文教書院
- **野外ゲームのマニュアル** 1990 日本教育新聞社 京都市小学校野外教育研究会
- **やさしいレクリエーションゲーム** 2004 （財）全国レクリエーション協会 成美堂出版
- **よく効くふれあいゲーム119** 2001 諸澄敏之 杏林書院
- **ロープワーク手帳** 1982 佐野 豪 山と渓谷社

●多くを知るより一つに慣れろ！

―あとがきにかえて―

　ゲームは場の雰囲気を盛り上げたり，仲間意識を高めたり，よき人間関係づくりをしてくれます。ですから，いろいろな集会や活動プログラムにゲームは利用されるのです。また，ゲームは活動場面の節目や気分転換や雰囲気づくりにも欠かせないものです。

　この本にあるゲームは，野外活動や学校行事や仲間づくりなど，使う場所・時や使い方を工夫することで，使う目的に合ったものとして活用できます。

　肝要なことは，使えるゲームをたくさん知っていることよりも，使う場面・時・目的に合うような「やり方」を知っていることです。

　1つのゲームでもやり方を工夫することで，いくつもの使い方ができ，大きな効果を表してくれるものです。

　この本には，たくさんのゲームが紹介されています。おそらくみなさんがご存知のゲームも多々あるでしょう。まずそのゲームの「やり方」を工夫してみてください。きっと何通りもの方法ができると思います。そしてそれに慣れてください。あなたの得意技になるはずです。ゲームの指導が上手と言われる人はゲームを多く知っているというよりも，多くのやり方を知っている人だと言われています。

　ゲームには，集団の特性を構築したり，所属する構成員のよき人間関係を育成するばかりでなく，表現力・興味関心を高めたり，積極的・意欲的な姿勢づくりなど，個人の資質向上にも役立ちます。

学校行事・各種集会・仲間づくりなどに，積極的にゲームを導入してください。そして，この本を大いに活用し，日常の教育活動に役立てていただくことを願っております。

日本ボーイスカウト京都連盟理事長　柳澤　傳

● 執筆者一覧

監　修	中村三之助	日本ボーイスカウト連盟リーダートレーナー・京都市会議員文教委員長
執筆者代表	安田公一	京都市教育委員会花背山の家事業課長 日本連盟シンガポール海外隊初代隊長
執筆者	飯田敏弘	京都市教育委員会花背山の家首席指導主事
〃	本多直樹	京都市立洛風中学校教頭
〃	鴨脚光茂	京都市教育委員会花背山の家指導係長・指導主事
〃	池口公一	京都市立七条小学校教諭
〃	伊藤幸範	京都市立竹田小学校教諭
〃	岡本圭司	京都市教育委員会花背山の家指導主事
〃	筧　清	元京都市立蜂ヶ岡中学校教諭
〃	鹿野正通	元京都市立嵯峨野小学校教諭
〃	高嶋　登	京都市立美豆小学校教諭
〃	田和　泉	元京都市立九条中学校教諭
〃	長田　勉	京都市教育委員会花背山の家指導主事
〃	中西敏和	京都市立東総合支援学校教諭
〃	西村武志	京都市教育委員会花背山の家指導主事
〃	平野達也	京都市立月輪小学校教諭
〃	廣橋善樹	京都市立開睛小学校教諭
〃	穂積亮平	京都市立西京極小学校教諭
〃	山本太郎	京都市教育委員会花背山の家指導主事
カバー装画	石倉一頼	京都市立朱雀第一小学校教諭
イラスト	石原真理	京都市立美豆小学校教諭
〃	土居　太	京都市教育委員会花背山の家指導主事
〃	森川央子	京都市立伏見住吉小学校教諭
編集協力	門川大作	京都市長
〃	柳澤　傳	日本ボーイスカウト京都連盟理事長
〃	浅川栄治郎	京都市教育委員会花背山の家所長
〃	河内正明	京都市教育委員会花背山の家インストラクター
〃	山川孝雄	元京都市立桃山南小学校校長
〃	小林泰之	浄土宗龍泉院住職・佛教大学ローバー隊初代会長

野外ゲームの達人
―心と体を動かす100の実践マニュアル―

| 2006年7月30日　初版第1刷発行 | 定価はカバーに表示 |
| 2012年5月20日　初版第3刷発行 | してあります。 |

著　者　京都市教育委員会野外活動施設　**花背山の家**
　　　　京都市小学校・中学校　**野外教育研究会**

発行所　㈱ 北 大 路 書 房
〒603-8303　京都市北区紫野十二坊町12-8
　　　　　　電　話　(075) 431-0361 ㈹
　　　　　　ＦＡＸ　(075) 431-9393
　　　　　　振　替　01050-4-2083

© 2006　　　制作／T.M.H.　　印刷・製本／㈱創栄図書印刷
検印省略　落丁・乱丁本はお取り替えいたします。
ISBN978-4-7628-2512-5　　Printed in Japan